하나님의 선지자가 되라

A.W. TOZER

VOICE OF A PROPHET

하나님의 선지자가 되라

A.W. 토저

MIGHTY SERIES 31

규장

Originally published in English under the title

Voice of a Prophet

by A. W. Tozer

Copyright © 2017 by James L. Snyder
Published by Bethany House Publishers
a division of Baker Publishing Group,
Grand Rapids, Michigan 49516, U.S.A.
All rights reserved.

This Korean Translation Copyright © 2022 by Kyujang Publishing Company

이 한국어판의 저작권은 저작권사와 독점 계약한 규장 출판사에 있습니다.
신 저작권법에 의하여 한국 내에서 보호 받는 저작물이므로 무단 전재와 무단 복제를 금합니다.

A. W. 토저 마이티 시리즈(A. W. TOZER Mighty Series)

토저는 교인수의 성장을 위해서라면 대중의 인기에 야합하고, 거대 기업의 경영방식을 무차별 차용하고, 할리우드 엔터테인먼트 방식을 예배에 도입하는 것에 대해 통렬한 비판을 가했다. 그는 현대의 교회가 물량적 성장을 위해서라면 교회의 순결성을 포기하는 듯한 자세를 보일 때는 그것을 좌시하지 않고 언제나 선지자의 음성을 발하였다. 듣든지 안 듣든지 이스라엘 교회의 세속화를 준열히 책망했던 예레미야처럼, 토저도 시대에 아부하지 않고 하나님교회의 순정성(純正性)을 파수하기 위해 '강력한'(Mighty) 말씀을 선포했다. 그래서 토저는 '이 시대의 선지자'라는 평판을 들었다. 토저가 신앙의 개혁을 위해 외쳤던 뜨겁고 강력한 메시지를 이 시대의 우리도 들어야 한다. 말씀과 성령에 의한 개혁이 절실히 필요한 이때, 규장에서 토저의 강력한(Mighty) 메시지들을 'A. W. 토저 마이티(Mighty) 시리즈'로 출간한다.
"토저의 설교는 설교단에서 발사되어 청중의 마음을 관통하는 레이저 광선과 같다." - 워런 위어스비

들어가는 글

한 작은 선지자의 기도

A. W. 토저는 설교 사역을 막 시작했을 때 목사와 장로로 구성된 안수위원회 앞에서 면접을 보았다. 그전까지 그는 길거리 모퉁이나 천막 집회에서 설교했었고, 면접을 볼 당시에는 웨스트버지니아 산지 앞에 개척한 작은 교회에서 설교하고 있었다. 그를 면접한 후 장로들이 한자리에 모여 이구동성으로 말했다. "이 사람은 안수받을 준비가 되어 있지 않습니다. 고등학교를 마치지 않았고, 성경대학이나 신학교를 다닌 적도 없고, 목회 훈련을 전혀 받지 않았습니다."

그 자리에 모인 사람들이 토저에게 안수를 주지 않기로 결론을 내리려는 찰나에 한 사람이 대담하게 말했다. "이 사람은 목회에 대한 강한 열정이 있습니다. 그가 비록 대학 교육이나 목회 훈련을 받지는 못했지만, 우리가 그에게 기회를 주어야 할 것 같습니다." 그들은 내키지 않았지만 그래도 토저에게 안수를 주는 데 동의했다.

물론 토저는 그 당시 목회자의 기준에 맞지 않았다. 오늘날의 목회자 기준에도 맞지 않을 것이라고 나는 확신한다. 하나님이 사용하시는 선지자는 그분의 독특한 방법으로 부름을 받는다. 그런 선지자는 선지자의 일을 하겠다고 자원하지 않는다. 그저 부름을 받는다! 엘리야, 엘리사, 세례 요한 같은 성경의 선지자들의 삶을 생각해보라.

그리고 다윗의 삶도 생각해보라. 목동 다윗이 왕이 될 거라고 생각한 사람은 아무도 없었지만, 결국 그는 이스라엘이 낳은 가장 위대한 왕이 되었다. 토저는 다윗을 어느 정도 닮았다. 토저가 뛰어난 목회자가 될 거라고 생각한 사람은 거의 없었지만, 결국 그는 자신의 세대를 선도하는 음성 중에 하나가 되었다. 그가 전했던 메시지는 오늘날까지 전해져서 들을 귀 있는 자들이 듣고 있다.

토저가 자신의 시대의 선지자가 된 것은 사람들에게 인정을 받았기 때문이 아니라, 하나님께 부름을 받았기 때문이다. 즉, 그분께 기꺼이 쓰임 받겠다고 하는 사람을 택하시는 그분의 선택 때문이었다. 그분의 부르심을 정의하는 것은 불가능하다. 나는 "선지자의 일에 잘 맞을 것처럼 보이는 사람들은 하나님이 선지자로 부르신 사람들은 아니다"라고 말하고 싶은데, 토저도 나의 이 말에 동의할 것이다. 하나님은 시대와 잘 맞지 않는 사람을 선택하신다. 하나님이 어떤 사람을 사용하실 때는 그 사람이 잘 들어맞기 때문이 아니라 대개는 잘 들어맞지 않기 때문에 선택하신다.

장로와 목사들이 기도하고 토저에게 안수를 주자 토저는 자신의 구주를 만나기 위해 은밀한 침묵의 장소로 들어갔다. 그곳은 그를 도와주겠다는 선한 의도를 가진 형제들조차 데려갈 수 없는 깊은 곳이었다. 토저는 기도문을 썼다. 그것은 그와 하나님 사이의 약속이었다.

그로부터 30년 후 그는 자신이 편집하는 잡지인 〈연합증인〉(The Alliance Witness, 토저가 속했던 교단 '기독교선교연합'의 교단 잡지)에 그 기도문을 싣고, 거기에 '한 작은 선지자의 기도'라고 제목을 붙였다. 이 기도문은 출판물에도 여러 번 실렸다. 이 기도문의 한마디 한마디에는 하나님이 쓰실 수 있는 사람의 심장박동 소리가 들린다.

오, 주님! 저는 당신의 음성을 들었지만 두려웠습니다. 당신은 중대하고 위험한 시기에 중차대한 사명을 감당하라고 저를 부르셨습니다. 당신은 흔들릴 수 없는 것들만 남도록 이제 온 나라들과 땅과 하늘까지 흔드실 것입니다.

오, 주님! 나의 주님! 당신은 저 같은 사람을 굽어보시어, 당신의 종이 되는 영광을 허락하셨습니다. 아론처럼 하나님께 부름 받은 사람이 아니면 아무도 이 영광을 스스로 취할 수 없습니다. 당신은 마음이 완고하고 듣는 것이 둔한 사람들에게 당신의 메시지를 전하도록 저를 세우셨습니다. 그들이 주인인 당신을 거부했으므로, 종인 저 또한 거부할 것입니다.

내 하나님이시여, 저는 당신이 주신 사명과 맞지 않는 저의 연약함을 한탄하며 시간낭비를 하지는 않을 것입니다. 제가 책임지는 것이 아니라 당신이 책임지십니다. 당신은 "내가 너를 알았고 너를 성별(聖別)하였고 너를 세웠노라"라고 말씀하셨습니다. 그리고 또 "내가 너를 누구에게 보내든지 너는 가며 내가 네게 무엇을 명령하든지 너는 말할지니라"라고 말씀하셨습니다. 제가 누구이기에 당신과 논쟁을 하고 당신의 주권적 선택을 문제 삼을 수 있겠습니까? 결정은 제가 하는 것이 아니라 당신이 하시는 것입니다. 주여, 그렇게 되게 하소서. 제 뜻이 아니라 당신의 뜻을 이루소서.

선지자들과 사도들의 하나님이시여! 제가 당신을 높이면 당신도 저를 높여주신다는 것을 제가 잘 압니다. 그러므로 저의 미래의 모든 삶과 수고 속에서 부유해지든지 가난해지든지, 살든지 죽든지 당신을 높이겠다는 엄숙한 약속을 하도록 저를 도우시고, 또 그 약속을 평생 지키도록 도우소서.

오, 하나님! 당신이 일하실 시간이 되었습니다. 왜냐하면 당신의 원수가 당신의 초장에 들어와 양들을 찢고 흩어버리기 때문입니다. 눈앞에 닥친 위기를 부정하고 양들을 둘러싼 위험에 코웃음 치는 거짓 선지자들이 너무 많습니다. 양들은 삯꾼들에게 속아 맹목적으로 그들을 따르는 가련한 모습을 보이고 있고, 저쪽에서는 늑대가 죽이고 멸망시키기 위해 다가오고 있습니다. 당신께 구하오니 적의 다가옴을 볼 수 있는 날카로운 눈을 저에게 주시고, 적의 정체를 파악할 수 있는 이해력을 주시고, 제가 본 것을 충실히 알릴 수 있는 용기를 주소서. 제 음성이 당신의 음성처럼 들리게 하시어, 심지어 병든 양도 알아듣고 당신을 따르게 하소서.

주 예수님, 제가 영적 준비를 위해 당신께 나아왔습니다. 당신의 손을 제게 얹으소서. 신약의 선지자의 기름을 제게 부으소서.

제가 종교적 서기관으로 전락하여 저의 선지자적 소명을 잃어버리는 일이 일어나지 않게 하소서. 현대의 성직자들에게 광범위하게 퍼져 어둠 속에 도사리고 있는 저주에서 저를 건지소서. 즉 타협의 저주, 모방의 저주 그리고 전문가적 역량에 의존하는 저주에서 건지소서. 교회의 크기, 교회의 대중적 인기, 또는 교회의 1년 헌금 액수에 의해 교회를 판단하는 잘못에서 저를 건지소서. 제가 선지자라는 것을 기억하게 도우소서. 기획자나 종교기관의 경영자가 아니라 선지자가 되게 하소서. 대중의 노예가 되지 않게 하소서. 제 영혼에서 육신적 야망을 제거해주시고, 명예욕에서 저를 건지소서.

이런저런 일들에 공연히 마음을 뺏기지 않게 하소서. 집안에서 괜히 어정거리며 시간을 낭비하지 않게 하소서. 오, 하나님! 당신을 두려워하는 마음을 제게 주시고, 저를 기도의 장소로 몰아가시어 거기서 "통치자들과 권세들과 이 어둠의 세상 주관자들"(엡 6:12)에 맞서 싸우게 하소서. 과식과 늦잠 자기에서 저를 건지소서. 예수 그리스도의 선한 병사가 될 수 있도록 절제를 가르쳐주소서.

이 땅에서 일은 열심히 하고 보상은 적게 받는다 해도 저는 그것을 받아들일 것입니다. 편한 자리를 구하지 않습니다. 저는 삶을 더 편하게 해줄 수도 있는 작은 길들을 보지 않으려고 노력할 것입니다. 다른 사람들이 더 편한 길을 추구하더라도 그들에 대해 가혹한 판단을 하지 않고, 저 자신은 힘든 길을 가려고 애쓸 것입니다. 저에 대한 반대가 있을 것이라고 예상할 것이며, 실제로 반대에 직면하면 그것을 조용히 받아들이려고 노력할 것입니다. 당신의 선한 사람들이 감사하는 마음으로 제게 선물을 반강제적으로 안기려고 할 때 저를 도와주시어, 그런 경우에 흔히 생길 수도 있는 해악에서 저를 구하소서. 제가 남들로부터 무엇을 받는다 해도 제 영혼을 해치거나 제 영적 능력을 감소시키는 방향으로 그것을 사용하는 일이 없게 하소서. 당신의 깊은 뜻에 따라 제가 당신의 교회에서 영예를 얻는다 해도, 제가 당신의 가장 작은 자비조차 얻을 자격이 없는 사람이라는 것을 기억하게 하소서. 그리고 제가 제 자신을 깊이 알듯이 사람들이 저를 깊이 알게 되면, 저에게 영예를 주지 않고, 저보다 더 자격 있는 다른 이들에게 그 영예를 주게 되리라는 것도 잊지 않게 하소서.

오, 하늘과 땅의 주님이시여! 이제 제가 저의 남은 날들을 당신께 성별하여 드립니다. 그날들이 많을 것인지 아니면 적을 것인지 당신이 결정하소서. 제가 큰 자들 앞에 서게 될 것인지, 아니면 가난하고 낮은 자들을 섬기게 될 것인지는 제가 결정할 사항이 아닙니다. 그 결정에 제가 영향을 끼칠 수 있다 해도 저는 그렇게 하지 않을 것입니다. 저는 당신의 뜻을 행하는 당신의 종입니다. 당신의 뜻은 지위나 부(富)나 명성보다 더 아름다운 것입니다. 저는 땅과 하늘의 그 무엇보다 당신의 뜻을 먼저 선택합니다.

비록 제가 당신께 선택받아 고결하고 거룩한 부름을 받는 영예를 얻었지만, 제가 먼지와 재에서 나온 인간이라는 것과 인류를 괴롭히는 모든 선천적 단점과 정욕이 제게 있다는 것을 잊지 않게 하소서. 그러므로 저의 주님과 구속자이신 당신께 기도하오니, 저를 저 자신에게서 건지소서. 그리고 제가 다른 이들에게 도움을 주려다가 저 자신에게 스스로 상처를 입히는 일이 없게 하소서. 성령을 통해 당신의 능력을 제게 충만히 채우소서. 그리하시면 제가 당신의 능력 가운데 나아가 당신의 의(義)를, 오직 당신의 의만을 전하겠습니다. 저의 심신의 건강이 허락하는 동안 당신의 속량의 사랑의 메시지를 널리 전하겠습니다.

그러므로 사랑의 주님! 제가 늙고 지쳐 더 이상 일할 수 없게 되면, 저 위 하늘에 제 자리를 마련해주시고, 제가 영원한 영광 중에 당신의 성도 중 하나가 되게 해주소서. 아멘. 아멘.

토저는 평생 하나님과의 이 약속을 새롭게 했다. 그가 평생 늘 가지고 다녔던 글은 바로 이 기도문 하나뿐이었다.

이 책은 토저가 선지자와 선지자의 사역에 대해 전한 다양한 설교들을 기반으로 하여 만들어졌다. 토저가 제시하는 그런 선지자는 오늘날의 교회에 절박하게 요구된다. 이 책은 엘리야와 엘리사, 세례 요한 같은 성경의 선지자들의 삶을 예로 들면서, 현대 교회에서 선지자의 사역이 절대적으로 중요하다는 것을 강조한다.

선지자의 사역은 그의 시대에서 끝나지 않는다. 선지자의 필요성은 그의 메시지에서 증명된다. 왜냐하면 그의 메시지는 세대를 뛰어넘어 계속 의미를 갖기 때문이다. 선지자가 세상을 떠났다 할지라도 그 메시지는 여전히 사람들에게 꼭 필요한 것이다. 하나님께서 우리 세대와 앞으로 다가올 세대들에게 메시지를 전해줄 선지자들을 더 많이 일으키시기를 간절히 바란다.

제임스 L. 스나이더

들어가는 글

1 선지자의 음성이 들리지 않는 시대

1장 정말 누구의 교회인가?	22
2장 하나님의 음성을 막는 자들	38
3장 교회에 주어진 하나님의 메시지	53

2 선지자가 되기 위한 준비

4장 하나님이 선택하시는 선지자	70
5장 하나님은 선지자를 어떻게 준비하시는가?	84
6장 압도적인 하나님과의 만남	101
7장 선지자의 성공의 비결	119
8장 선지자의 참된 도전	134

3 우리를 선지자로 부르신 하나님

9장 엘리야의 하나님은 어디 계시는가?	150
10장 하나님의 주권적인 부르심	166
11장 하나님을 만나야 그분의 음성이 된다	180
12장 기획자가 아니라 선지자가 필요하다	193
13장 하나님이 선지자로 높이는 사람의 특권	210

4 그리스도의 메시지로 나아가라

14장 광야에서 외치는 자의 소리	228
15장 주의 오실 길을 곧게 하라	243
16장 하나님을 보고 망한 사람	257
17장 마지막 선지자 예수 그리스도	275
18장 하나님의 영광을 탐내지 마라	289
19장 선지자의 기도	308

PART
01

선지자의 음성이 들리지 않는 시대

chapter 01

정말
누구의 교회인가?

벧엘에 있는 선지자의 제자들이 엘리사에게로 나아와 그에게 이르되 여호와께서 오늘 당신의 선생을 당신의 머리 위로 데려가실 줄을 아시나이까 하니 이르되 나도 또한 아노니 너희는 잠잠하라 하니라 _왕하 2:3

내 설교와 책과 사설(社說)을 잘 알고 있는 사람이라면 누구나, 내가 하나님을 내 인생의 최고로 삼고 있다고 증언할 수 있다고 솔직하게 말할 수 있다. 나는 내 삶 속에서 날마다 하나님을 찾는 일에 전적으로 몰두한다. 즉, 내가 하는 모든 일에서 그분이 중심이 되도록 한다.

그렇게 되기 위해 나는 여러 해 동안 대가를 치렀다. 가족 중에 많은 이들과 친구들이 나를 오해했다. 나는 하나님과 가족과 친구 사이에서 선택해야 했다. 그렇기 때문에 나는 "내 삶의 유일한 열정은 하나님을 추구하는 것이다"라고 거리낌 없이 말할 수 있다.

여러 해 전에 나는 당시 기독교선교연합 교단의 총회장이었던 H. M. 슈만(H. M. Shuman) 박사와 점심을 먹고 있었다. 당시 나는 목회를 시작한 지 얼마 안 되는 젊은 목회자였다. 그와 몇 가지 점에 대해 대화를 나눌 때 자연스럽게 대화가 잠깐 중단되었는데, 나는 그때를 놓치지 않고 슈만 박사에게 "저는 이 세대의 그 누구보다 하나님을 더 사랑하고 싶습니다"라고 말했다. 그 말은 내가 진심으로 한 말이었지만, 그 말을 할 때 사실 나는 그 말이 무엇을 의미하는지 정말 몰랐다.

슈만 박사는 잠시 나를 빤히 쳐다보더니 아주 조심스럽게 말했다. "토저 형제, 지금 한 형제의 말이 형제의 깊은 소원을 말한 것이라면, 내가 한 가지 당부하겠소. 많은 고난을 당할 각오를 하시오."

나는 그의 말을 마음에 새겼다. 그 후 지금까지 살아오면서 그의 경고의 말은 여러 면에서 현실로 나타났다. 내 삶에서

'하나님 제일주의'로 나가기 위해 나는 많은 대가를 치르며 살아왔다. 하지만 지금 이 시점에서 내가 말하지 않을 수 없는 것은 그럴 만한 충분한 가치가 있었다는 것이다! 이제까지 넘어질 뻔한 적도 많고 실수한 적도 많지만, 나는 하나님을 내 삶의 중심에 모시고 살기 위해 온 힘을 바쳤다.

내 마음에서 하나님 다음으로 자리를 차지하는 것은 예수 그리스도의 교회이다. 특히 복음주의, 근본주의 교회이다. 이 그리스도의 교회에서 나는 아주 많은 일을 해왔다. 내가 교회를 '경건한 사랑으로' 사랑한다는 말은 거짓말이 아니다.

교회를 '경건한 사랑으로' 사랑하기 때문에 나는 몇 세대에 걸쳐 자꾸 깊어진 어떤 문제들에 대해 언급하지 않을 수 없다. 예전에 어떤 교회가 "우리는 당신의 조상의 교회와 같지 않습니다"라고 광고하는 것을 보았다. 저런 광고를 버젓이 하는 것을 보니 그 교회는 저 광고 문구를 매우 자랑스러워하는 것 같았다. 그러나 나는 이렇게 묻고 싶다. 그들의 교회가 '조상의 교회'와 같지 않다면 그들의 교회는 누구의 교회인가?

익명의 교회?

내 소신을 말하겠다. 우리가 어떤 교회를 보았을 때 그 교회의 뿌리가 보이지 않는다면, 그것은 더 이상 교회가 아니다. 교회가 아니라면 무엇일까?

지금 우리 시대는 소위 교회라는 것이 교인 수를 늘리기 위해 무엇이든지 마구잡이로 광고에 올리는 시대인가? 결국 중요한 것은 흔히 말하는 성공인가? 교회의 성공은 교인 수에 의해 좌우되므로 교인 수를 늘려주는 것은 무엇이든지 옳은가?

광고에 의존해 교인 수를 늘려 성공하겠다는 생각은 예수 그리스도의 교회를 세우기 위해 삶을 바쳤던 교회의 조상들의 사고방식과는 너무나 거리가 먼 것이다. 내가 볼 때, 현재 우리의 문제는 믿음의 조상들이 가졌던 교회관(敎會觀)이 우리에게 없다는 것이다. 즉, '신약시대의 교회'라고 불리는 것이 무엇인지를 우리가 모른다는 것이 우리의 문제이다!

신약시대 교회의 주요 요소 중 하나는 '선지자들'이었다. 그들은 교회가 이단에 빠지지 않고 격동의 시대를 잘 헤쳐 나가도록 하는 데 교회의 지도자로 쓰임 받았다. 교회가 태어나자마자 이단도 거의 동시에 태어났다. 신약성경을 다 읽어보고 또 교회의 초기 역사를 읽어본 사람은 교회가 선지자들의 음성을 들었을 때 성공했다는 것을 알게 될 것이다. 반면, 선지자들의 음성에 귀를 기울이지 않았을 때 교회는 즉시 이단에 빠졌다. 과거의 이단 중 일부는 오늘날까지도 이어져 내려오고 있다.

교회를 향한 내 큰 사랑과 열정에 이끌려 나는 "오늘날 우리에게 필요한 것은 선지자들입니다"라고 필사적으로 외칠 수밖에 없다. 우리 주변에 넘치는 이단들의 수렁에 빠지지 않도록 교회를 잘 이끌어 나갈 선지자들은 어디에 있는가?

초대교회의 선지자들은 교회가 그들의 소리를 듣게 만드는 정도로는 성공했다. 오늘날은 선지자의 음성이 거의 들리지 않는데, 그것은 하나님을 위해 말하는 선지자가 없기 때문이 아니다. 교회까지 침투한 우리의 문화가 내는 소음과 파열음에 선지자의 음성이 묻혀서 들리지 않기 때문이다. 선지자의 음성이 들리지 않기 때문에 교회는 이단들의 수렁에 빠질 위기에 처해 있다.

도대체 어찌하여 교회가 이 지경에 이르렀는가?

그 아버지에 그 아들?

내가 알기로 오늘날의 교회를 위험에 빠뜨린 원인 중에 하나는 '선지자들의 후예'이다. 우리 세대의 형편을 다음과 같이 표현할 수 있을 것 같다. 선지자들은 뒤쪽으로 물러나 있는 한편 그들의 후손이 전면(前面)에 나와 있다. 선지자들의 후손이 그들의 조상들과 관계가 있기는 하지만, 조상들을 닮은 것 같지는 않다.

하나님이 교회를 위해 예비하신 것을 볼 수 있는 영적 시력이 세대를 거듭할수록 조금씩 더 나빠지는 것 같다. 현재 선지자들의 후손은 과거와 연결되어 있기는 해도 지극히 미미한 정도밖에 안 된다. 그런데 바로 그런 후손이 교회의 지도자로 앉아 있다.

그리고 현재는 과거와 거리를 두는 경향이 꽤 널리 퍼져 있다. 과거와 어느 정도 연관성을 갖는다는 것이 사람들에게 알려지면, 당신은 비웃음거리가 되어 결국 과거에 등을 돌리지 않으면 안 될 것이다. 그러나 만일 교회가 과거에 등을 돌린다면 미래를 볼 수 없게 된다. 그렇게 된 교회는 마치 키 없는 배처럼 불확실성의 망망대해에서 표류할 것이다.

선지자들의 후예가 보여주는 몇 가지 특징들 때문에 걱정스럽다. 교회를 지극히 사랑하는 나는 이 점들에 대해 공개적으로 말하지 않을 수 없다.

메시지보다 마케팅에 더 치중한다

선지자들의 후예의 특징들을 열거할 때 가장 먼저 언급해야 할 것은 그들이 '메시지 지향적'이지 않다는 끔찍한 사실이다. 그들은 메시지가 그렇게까지 중요한 것은 아니라고 믿는다. 그들의 주장에 따르면 교회를 이끌고 나가는 데 중요한 것은 마케팅, 메시지의 전달 방법 그리고 실행 능력이다. 이 세 가지가 '메시지'를 압도해버렸다.

그러나 과거의 선지자들이 하나님의 일을 할 때 중요했던 것은 메시지였다. 그들을 살펴본다면 그들이 현재의 교회 지도자들과 완전히 달랐다는 것을 알게 될 것이다(이 점에 대해서 앞으로 이 책에서 자세히 다룰 것이다). 현재의 교회 지도자들은 근본에 충실하지 않다. 그들은 저마다 아이디어를 내고 그것을 따른다. 그러나 과거의 선지자들에게 유일하게 중요한 것은 그들이 전하는 메시지였다. 물론 그 메시지는 하나님에게서 온 것이었다!

우리는 거짓 선지자들에 관한 구약의 경고를 듣고 정신을 차려야 한다. 구약의 교훈에 따르면, 선지자의 예언이 성취되지 않는다면 그것은 그가 거짓 선지자임을 말해주는 것이었다. 선지자의 예언과 관련된 모든 것 중에 가장 중요한 것은 그의 메시지였는데, 이것은 다음의 구약 말씀으로 입증된다. "만일 선지자가 있어 여호와의 이름으로 말한 일에 증험도 없고 성취함도 없으면 이는 여호와께서 말씀하신 것이 아니요 그 선지자가 제 마음대로 한 말이니 너는 그를 두려워하지 말지니라"(신 18:22).

오늘날은 설교자의 메시지가 무엇인지 파악하기 힘들다. 그 이유는 메시지를 보충해주는 보조적 잡동사니들이 메시지에 너무 많이 달라붙어 있기 때문이다. 성경적 관점에서 볼 때 도저히 메시지라고 할 수 없는 것들이 오늘날 너무 많다.

어떤 지역들에서는 교회가 마치 일반 회사처럼 광고에 의존한다. 그러나 기독교는 기업체의 상품이나 공장의 제품이 아니다. 내가 볼 때 그런 식의 사고방식은 신약에 전혀 나오지 않는다.

내 마음을 불편하게 하는 것은 메시지가 사라지고 그 자리에 메시지의 전달 방법이 대신 들어온 것이다. 메시지가 효과적으로 전달되기만 한다면, 그 메시지에 무엇인가 빠져 있어도 아무 문제가 없다는 것이 요즘 설교자들의 사고방식이다. 내가 볼 때 이것은 이단이다. 이단은 진리를 전하지만 자기들의 편의에 따라 진리의 일부를 빼고 전달한다. 이런 잘못된 일이 현재 기독교에서 '효과적인 메시지 전달'이라는 이름으로 벌어지고 있다.

오늘날 많은 이들이 기독교 메시지의 가치를 망각하고 그것을 대수롭지 않게 여긴다. 기독교 메시지는 점점 더 그 의미를 잃어왔다. 선지자들의 후손이라는 사람들은 기독교 메시지 때문에 대가를 치른 적이 전혀 없다. 많은 경우, 그들은 메시지에 싫증이 났다. 그렇기 때문에 무슨 수를 써서라도 메시지를 짜릿하고 재미있는 것으로 만들려고 혈안이 되어 있다.

오늘날 기독교가 직면한 비극은 기독교의 메시지에 싫증이 났다는 것이다.

메시지의 문화적 적용을 가장 중요시한다

오늘날의 설교자들은 메시지의 적용이라는 것에 난리를 친다. 나는 이것이 현대 교회의 우상 중 하나라고 믿는다. 우리는 메시지가 우리 주변 문화에 아주 잘 적용된다는 것을 증명하기 위해 기를 쓴다.

선지자들의 후예는 자기들의 메시지 해석이나 메시지 전달 방법이 유일하게 정확한 것이라고 믿고 있다. 그들에게 중요한 것은 현재의 상황과 문화에 아주 잘 들어맞게 메시지를 해석하는 것이다. 그들은 주변 문화에 피해나 당혹감을 안겨줄 만한 것들을 철저히 피한다.

체스터턴(G. K. Chesterton, 1874-1936. 영국의 작가, 철학자이자 기독교 변증가)의 말은 아주 지당하다. "그러므로 각각의 세대가 서로 모순되는 정도를 통해 회심했다는 것은 역사의 역설(逆說)이다." 기독교의 메시지를 정확히 이해하는 사람은 그 메시지가 각 시대의 문화에 얼마나 큰 충격을 안겨줄 것인가를 깨닫게 되는데, 이것은 신약교회 시대에도 그랬고 현재의 시대에도 마찬가지이다. 기독교의 메시지는 현재 우리 문화의 모든 면과 충돌해야 한다.

현재의 잘못된 현상 중 일부는 현대의 성경 역본들을 통해 일어난다. 내 서재에는 이제까지 출판된 모든 성경 역본이 다 있다. 그런데 우리는 성경 역본이 기독교의 메시지를 왜곡하는 쪽으로 사용되지 않도록 조심해야 한다. 결국, 정말로 중요한 것은 메시지가 아닌가?

현재 교회에서는 가장 중요한 것이 메시지가 아니라 메시지 전달자가 되어버린 것 같다. 메시지 전달자가 마음에 들면 메시지는 어떤 형식으로 전달되어도 상관없다는 것이 현재 우리의 잘못된 생각이다. 유감스럽게도 지금 관심의 초점이 되는 것은 메시지 전달자이다. 메시지는 기껏해야 두 번째 자리를 차지할 뿐이다.

이런 와중에 사람들은 메시지의 주변적 요소들이나 부수적 측면들을 강조한다. 선지자들의 후예가 복음의 메시지의 핵심을 깨닫는 경우는 좀처럼 없다. 그들은 누구나 인정할 수 있는 메시지를 전하는 것으로 만족해한다.

온전한 메시지를 가린다

온전한 메시지를 가리는 세 가지는 선정주의, 감정주의 그리고 연예오락이다. 이 세 가지는 모두 건전한 영적 발달에 해로운 것이라고 나는 지적하지 않을 수 없다.

선정주의

쉽게 말하자면, 선정적(煽情的)인 것이 미디어의 머리기사 자리를 차지한다. 그렇지만 그것은 일시적일 뿐이다. 복음의 메시지를 선정적인 것으로 만들어버리면, 성경 전체의 흐름에서 벗어난 복음을 제시하게 된다. 십자가의 죽음에는 선정적인 것이 없었다. 십자가의 죽음을 선정적인 것으로 만들어버리려고 한다면 그것은 십자가 사건의 온전한 핵심을 놓치는 것이다. 그리고 십자가 사건을 연예오락거리로 만들어버리는 것은 신성 모독의 극치이다.

감정주의

나는 선지자들의 후예 중 일부 사람들이 청중을 감정적으로 선동하는 것을 보았다. 그들은 청중의 감정을 자극함으로써 청중을 통제할 수 있고, 청중을 자기들이 원하는 곳 어디든지 이끌어 갈 수 있다. 과거에는 이런 것을 서커스에서나 볼 수 있었는데, 이제는 설교단에서 보게 되었다. 이런 것보다 더 신성 모독적인 것을 또 어디에서 볼 수 있을까?

감정이 최고조에 달한 대부분의 사람들의 경우 하나님을 향한 훈련된 일상생활을 이어가지 않는다.

연예오락

오늘날 내가 이해하거나 받아들일 수 없는 것은 선지자들의 후예에게서 볼 수 있는 연예오락적 요소이다. 그들은 그들 나름의 이유 때문에 할리우드로 가서 권세를 얻는다. 그들은 청중의 대부분이 좋아하는 재미있는 방법으로 메시지를 전하면 그것이 곧 성공이라고 생각한다.

그러나 나는 이렇게 묻고 싶다. "예수님이 십자가에서 죽으신 것이 얼마나 재미있었는가? 최초의 순교자 스테반이 그의 원수들 앞에서 죽은 것이 얼마나 재미있었는가? 교회의 순교자들이 당당히 순교의 대열에 합류한 것이 재미있었는가? 그들의 순교를 보고 손뼉을 친 사람이 있었는가? 교회의 성도들의 고난과 희생을 보고 재미있어 한 사람이 있었는가?"

재미를 추구하는 모든 현상은 건전한 영적 발전에 방해가 된다. 선지자들의 후예는 믿음을 위해 죽음을 택했던 초기의 그리스도인들과 전혀 닮지 않은 가짜 그리스도인들의 세대를 만들어냈다.

이 모든 것들에서 선지자들의 후예는 사람들이 듣기 싫어하는 부분들을 제거하는 조심성을 보인다. 그들은 진리를 취사선택해서 전한다. 그들이 사람들에게 제시하는 것은 진리이지만, 그들이 그 과정에서 빼놓는 것 때문에 파괴적 결과가 초래된다.

내가 볼 때, 이제까지 모든 교파는 자기들의 입맛에 맞는 진리를 골라서 그것에 초점을 맞추어 왔다. 그렇게 선별한다는 것은 어떤 진리는 설명에서 제외한다는 것인데, 그렇게 되면 온전한 메시지가 되지 못한다.

나는 선지자들의 후예가 메시지를 무디게 만들었다고 생각한다. 죄를 지적하는 일이 이제 교회에서 더 이상 일어나지 않는 것 같다. 회오(悔悟)는 이제 설 자리가 없고, 교회에게 회개를 촉구하는 사람은 아무도 없다. 사람들은 회개의 필요성을 못 느낀다. 자기들은 '즐겁고 즐겁고 즐거운' 하나님의 어린 자녀이기 때문에 춤추며 천국으로 들어가면 된다고 생각한다. 얼마나 한심한 현상인가!

지금은 메시지보다 메시지 전달자가 더 중요하게 여겨지는 시대이다. 이제 메시지가 문화 속으로 전달되기 위해서는 유명 인사에게 의존해야 한다. 과거의 세대들은 유명 인사를 필요로 하지 않았다. 지금은 성령이 그만큼 필요하지 않아서 이 세대가 유명 인사에게 의존하는 것인가? 유명 인사의 도움이 없으면 안 되는 지경에 이른 것인가? 특히 그리스도를 만나 삶이 변화되는 체험을 한 적이 없기 때문에 성경의 기준에 완전히 어긋나는 삶을 살고 있는 유명 인사의 도움이 없으면 안 되는 지경에 이른 것인가?

이 세대는 유명 인사를 강사로 초청하기 위해서라면 메시지에 물을 타고, 메시지를 수정해서 그것을 무디게 만들고, 유명 인사를 메시지의 중심에 놓아야 하는 지경에 이르렀다.

선지자들의 후예가 이제까지 교회의 지도자로 일해 오면서 사람들의 손은 부드러워졌고, 그들의 마음은 굳어져버렸다는 것을 나는 발견했다. 선지자들의 후예는 "누구나 자기의 실수를 인정할 것이다. 그러나 결국 어차피 완전한 사람은 없지 않은가?"라고 말할 것이다. 저 과거의 세리처럼 일어나 가슴을 치며 "하나님이여 불쌍히 여기소서 나는 죄인이로소이다"(눅 18:13)라고 외칠 그리스도인은 지금 어디에 있는가?

오늘날 사람들은 이렇게 말한다. "나는 표적을 맞히지 못했을 뿐입니다." "내 가능성을 다 살리지 못한 것뿐입니다." "그래도 나는 최선을 다하려고 노력했습니다." 그들의 마음에서 나오는 이런 모든 변명들이 우리의 귀에 들리는데, 이것들은 모두 선지자들의 후예에게서 나오는 것이다.

온전한 메시지로 돌아가라

우리는 언제 회개하게 될 것인가? 언제 모든 변명들을 창문 밖으로 던져버리고 성경을 펴놓고 하나님 앞에 엎드릴 것인가? 우리는 언제 우리의 죄를 회개하고, 성령께서 그분의 뜻대로 행하시도록 순종할 것인가?

우리가 만들어놓은 이 세대는 믿음의 조상들에게서 멀리 떠나 있기 때문에 그들과의 연결성이 거의 보이지 않는다. 선지자들의 후예가 만들어놓은 이 세대는 메시지의 본질보다는 메시지 전달을 위한 잡동사니 도구들에 더 관심이 많다. 이 세대는 기독교의 참된 메시지가 사람의 겉을 닦고 윤을 내는 것이 아니라 사람의 마음 중심까지 뚫고 들어가 그 사람을 내부로부터 근본적으로 변화시킨다는 것을 잊고 있다.

이제 하나님의 선지자들을 통해 그분의 음성을 다시 들어야 할 때가 도래했다. 선지자는 만들어지는 것이 아니라 하나님에 의해 부름 받고 보냄을 받는 것이다. 내가 간절히 바라는 것 중 하나는 하나님께서 이제 다시 그분의 교회 중심에 계시게 되는 것을 보는 것이다. 나는 그분의 교회가 그분의 거룩함에 어긋나는 모든 것을 버리고 그분께 영광과 존귀를 돌리는 것을 보고 싶다.

> 오, 하나님이시여! 옛 선지자들의 하나님이시여! 지극히 연약한 우리에게 임하시고, 이제 당신의 교회를 근본적으로 바꾸어주소서. 예수님의 이름으로 기도하나이다. 아멘.

chapter
02

하나님의 음성을
막는 자들

사랑하는 자들아 영을 다 믿지 말고 오직 영들이 하나님께 속하였나 분별하라 많은 거짓 선지자가 세상에 나왔음이라 _요일 4:1

거짓 선지자들에 대한 경고는 신약시대부터 이미 시작되었다. 이런 거짓 선지자들이 찾아와 교회를, 특히 이제 막 믿기 시작한 그리스도인들을 먹잇감으로 삼을 것이라고 사도들이 교회에게 경고했다.

오늘날의 교회가 교회 역사 초기에 일어났던 문제들과 동일한 문제들에 직면해 있다는 사실은 신약성경이 우리의 시대에 얼마나 정확히 들어맞는지를 말해준다. 현재 우리가 직면한 모든 문제들은 신약시대의 사도 중 한 분이 언급한 것들이다.

그런데 이 시대는 자기들이 새로운 문제들에 직면해 있다고 착각한다. 그러나 분명히 알라. 모든 문제에는 영적인 뿌리가 있고, 신약성경은 이미 모든 문제들에 대한 경고를 기록해놓았다.

지금은 과거 그 어느 때보다 거짓 선지자들이 일어나기에 훨씬 더 좋은 환경이 만들어져 있다. 현재 우리가 가지고 있는 미디어 수단들의 증가로 그 문제들이 우리의 집 안까지 파고들게 되었다.

그런 맥락에서 볼 때 나는 거짓 선지자들의 급증으로 이 세대의 사람들에게 하나님의 의미가 왜곡된 것을 걱정하지 않을 수 없다. 우리는 설교자들이 아무 책임감 없이 설교하는 것을 수수방관하고 있다. 심지어 어떤 설교자는 부도덕하고 부정직한 사람으로 드러났는데도 아무런 제지를 당하지 않고 계속 영향력을 행사하는 경우도 있다. 영적 교훈에 뿌리와 기반을 두지 못한 사람들이 이런 거짓 선지자들에게 영향을 받는다.

사도 요한은 모든 영을 다 믿어서는 안 된다고 경고했다(요일 4:1). 신문이나 라디오나 텔레비전에서 읽고 듣고 보는 것은 무엇이든지 믿는 오늘날의 사람들만큼 잘 속아 넘어가는 세대가 과거에 있었는가?

과거에 교회는 하나님의 능력 있는 행하심을 통해 이런 거짓 선지자들을 처리하곤 했다. 어떤 이들은 하나님의 능력 있는 행하심을 가리켜 부흥이라고 불렀다. 오늘날 우리에게 필사적으로 필요한 것이 또 하나의 부흥이지만, 가까운 시일에 부흥이 일어날 것 같지는 않다고 생각된다. 나는 부흥을 위해 쉬지 않고 기도한다. 과거 그 어느 때보다 더욱 간절히 부흥을 바란다. 오늘날 우리에게 부흥이 필사적으로 필요하다는 것을 하나님은 잘 알고 계신다.

부흥의 역사를 읽을 때 나는 현재의 세대가 부흥을 위한 준비는 되어 있다고 느낀다. 부흥을 위한 준비라는 것은 다음 세대를 위해 현재 터를 닦아두는 것이다.

거짓 선지자의 징후

초대교회의 시대부터 거짓 선지자들은 은밀히 교회 안으로 침투해 들어왔다. 그런데 거짓 선지자들의 정체가 밝혀졌을 때는 이미 교회가 상당한 피해를 입은 상태였다. 이런 일이 교회의 역사에서 일어난 경우들을 내가 굳이 얘기하지 않아도 될 것이다. 왜냐하면 오늘날 세상의 모든 이단이 교회 안에 들어

온 거짓 선지자들로부터 시작되었다는 것을 우리가 잘 알기 때문이다.

오늘날의 교회는 거짓 선지자의 몇 가지 특징을 알고 경계해야 한다.

자기 유익을 구한다

이런 거짓 선지자들에 대해 내가 할 수 있는 말 중 최악의 것은, 그들은 자신들의 유익을 구하기 위해 하나님의 성품을 비방한다는 것이다. 이것이 우리가 주의를 기울여야 할 첫 번째 경고이다.

하나님의 성품이 공격을 받을 것 같으면, 우리는 정신을 바짝 차려야 한다. 우리의 하나님은 거룩한 분이시다. 그러므로 그분은 개인적 이득을 얻기 위해 발버둥치는 악독한 거짓 선지자들에 의해 그분의 성품이 비방당하는 것을 용납하지 않으실 것이다.

옛날에 어떤 늙은 설교자가 "부자가 되고 유명해지고 싶다면 교회 일을 하라"라고 말했다. 물론 이 설교자는 하나님의 연약한 양들이 드리는 십일조와 헌금으로 자기 배만 불리는 거짓 선지자들을 비꼬기 위해 이렇게 말한 것이다.

사실, 목회자의 길로 들어와 하나님의 일을 위해 모든 것을 희생한 설교자들도 많다. 이런 종들은 평생 높임을 받고 존경을 받아야 마땅하다. 그러나 돈벌이를 위해 목회를 하는 사람들도 많다. 부자가 되기 위해 마련한 계획이 그들에게 있는데, 그들은 그 계획을 이루는 가장 좋은 방법이 종교 지도자가 되는 것이라고 판단한다.

하나님의 성품을 비방하는 짓은 성경의 하나님을 이해하지 못했기 때문에 생긴다. 모든 이들은 종교적이며, 모든 이들은 성경에 있는 모든 것들에 대해 종교적 견해를 갖고 있다. 모든 이들은 자기들이 하나님이 누구신지를 안다고 생각한다. 어떤 이들은 그분을 가리켜 '나를 좋아하는 저 위에 계신 분'이라고 표현했다. 나는 이 표현이 싫은데 왜냐하면 성경의 하나님과 전혀 관계가 없기 때문이다. 하나님을 완전히 왜곡하여 그분이 아닌 전혀 다른 존재로 만들어버리는 것은 그 자체로 정죄 받아야 마땅하다. 자기의 사리사욕을 채우기 위해 하나님을 왜곡하는 것은 신성 모독일 뿐이다.

이런 일이 일어나도록 하나님께서 내버려두신다는 것이 내게는 늘 이해되지 않았다. 그렇기 때문에 나는 이 궁금증을 풀기 위해 성경의 하나님이 누구신지를 더욱더 깊이 연구하게 되었다. 그분을 알겠다는 열정이 내게 충만하다. 누군가 그분을 아주 이상하게 묘사하면 나는 그분 앞에 더욱더 무릎을 꿇지 않으면 안 된다. 그리고 "하나님, 저는 저 사람에게 뭐라고 말해주어야 할지를 알지 못하지만, 당신은 아십니다"라고 기도한다.

나는 하나님을 알기 원한다. 나처럼 그분을 알기를 갈망하는 사람들에게 그분을 알려줄 수 있을 정도로 그분을 알기를 원한다. 나는 누군가 성경의 하나님을 왜곡하는 것을 원치 않는다. 그분의 성품을 왜곡하여 이상한 존재로 만들어버리는 것을 나는 용납할 수 없다.

어떤 사람이 자기의 유익을 추구한다면, 그 사람과 이해관계에 있는 모든 이들에게 비난받아야 마땅하다. 그러나 불행하게도, 대부분의 거짓 선지자들은 그런 모습을 전혀 보이지 않는다. 그렇기 때문에 성경이 말해주는 하나님과 전혀 다른 하나님에 대한 이런저런 사상과 개념들이 지금도 떠돌아다니고 있다. 선지자의 후예가 거짓 선지자들에게 능력을 주고 있는 것이다.

메시지를 선별하고 왜곡한다

거짓 선지자들은 하나님에 대해 믿고 싶어 하는 것을 자기들 마음대로 선택하고 고른다. 그들은 하나님의 사랑을 믿고 싶어 하지만, 하나님의 진노를 믿고 싶어 하지는 않는다. 그들은 하나님의 사랑을 말하는 성경 구절들을 모두 뽑아 그분에 관한 '잘못된' 그림을 그려준다. 그분에 관한 '불완전한' 그림은 우리가 받아들일 수 없는 것이다. 그들의 하나님 개념은 완전히 균형을 잃었기 때문에 사람들을 참 하나님에게서 멀어지게 한다.

이런 잘못된 하나님 개념에 사로잡힌 거짓 선지자들이 그 다음에 하는 짓은 그분의 메시지를 왜곡하는 것이다. 이것은 아주 심각한 문제이다. 나는 하나님이 말씀하시는 것이 무엇인지 알기를 원한다. 그리고 나의 하나님 인식이 성경에 깊이 뿌리박기를 원한다. 성경이 말하는 것을 풀이해주는 누군가의 주석은 내가 원하는 것이 아니다. 토머스 칼라일(Thomas Carlyle, 1795-1881. 영국의 철학자, 번역가 및 역사가)의 표현을 빌려 말하면, "이단이 말하는 것이 아니라" 성경이 말하는 것이 내가 알기 원하는 것이다.

두 사람에게 어떤 한 가지 그림을 보여주고 그것을 묘사해 보라고 하면 그 두 사람은 서로 다른 묘사를 할 것이다. 한 사람이 어떤 세부 사항을 빠뜨린다면, 다른 사람은 그것이 아닌 다른 세부 사항을 빠뜨릴 것이다. 그러므로 그 그림을 정말 제대로 알려면 당신이 직접 보는 수밖에 없다. 하나님의 말씀을 읽는 사람은 그것이 무엇을 말하는지 정확히 이해해야 한다.

바울이 말한 것처럼, 우리는 베뢰아의 그리스도인들을 더욱 닮아야 한다. "베뢰아에 있는 사람들은 데살로니가에 있는 사람들보다 더 너그러워서 간절한 마음으로 말씀을 받고 이것이 그러한가 하여 날마다 성경을 상고하므로"(행 17:11). 바울은 그 그리스도인들에게 심지어 자신의 말조차 무조건 받아들이지 말고, 그의 말이 참된 것인지 확인하기 위해 성경을 상고하라고 권했다. 오늘날 우리는 성경을 상고하는 일에 더욱 힘써야 한다.

거짓 선지자들은 메시지 전달자를 메시지보다 더욱 중요하게 만듦으로써 하나님의 메시지를 왜곡한다. 메시지 전달자를 메시지보다 더욱 중요하게 만드는 것은 메시지 전달자를 유명인사로 만드는 것이다.

흔히 사람들은 어떤 설교자가 주변의 다른 설교자들보다 더 훌륭하다는 듯이, "아무개의 설교를 들으러 가자"라고 말하곤 한다. 그러나 선포되어야 하는 것은 메시지 전달자가 아니라 메시지이다.

우리가 신약과 구약을 연구해보면, 선지자는 유명 인사가 될 수 없다는 것을 알게 될 것이다. 선지자에게 있어서 가장 의미심장한 것은 바로 그가 전하는 메시지이다. 그리고 그 메시지는 하나님의 마음에서 나온 것이어야 한다.

찰스 스펄전(Charles Haddon Spurgeon, 1834-1892. '설교의 황제'라고 불렸던 19세기 영국의 설교자)의 할아버지도 설교자였다. 그런데 그의 할아버지는 "찰스가 나보다 설교를 더 잘하지만, 더 훌륭한 복음을 전할 수는 없다"라고 말했다. 나는 이 말이 너무 좋다. 우리는 복음을 전하라고 부름 받은 것이다. 복음을 전하는 데 사용되는 통로는 어디까지나 통로일 뿐이다. 통로는 그것이 전하는 복음에 합당하면 되는 것이다.

거짓 선지자들은 깊이 없는 그리스도인들을 속일 수 있는 기술을 가지고 있다. 거짓 선지자들이 말하는 것이 99퍼센트 참된 것이라면, 사람들은 그들을 참 선지자로 간주한다. 그러나 참되지 못한 1퍼센트 때문에 그들은 하나님의 참 선지자가 될 자격이 없다. 100퍼센트 참된 것이 아니면 전혀 참이 아니다.

거짓 선지자들이 메시지를 왜곡하여 대부분의 그리스도인들을 속일 때 보여주는 영리함이 나를 놀라게 한다. 그들은 그들의 말이 참된 것처럼 들리도록 왜곡할 줄 안다. 그러나 성경을 공부하고 주 예수 그리스도를 따르고 성령의 일하심에 마음의 문을 연 사람은 그들에게 속지 않는다.

사도 요한은 "영들을 분별하라"고 말했는데 왜냐하면 거짓 선지자들이 많다는 것을 알았기 때문이다. 그가 볼 때 그들은, 하나님의 양 떼 위를 마치 매처럼 맴돌다가 그들에게 접근하여 먹잇감으로 삼아 결국 하나님의 영광을 가리는 자들이었다.

이런 거짓 선지자들이 만들어내는 최종적인 결과는 하나님의 양 떼를 엉망진창으로 만들어놓는 것이다. 이것이 내가 염려하는 것인데, 특히 지금 막 믿은 그리스도인들과 깊이 없는 그리스도인들이 내 마음에 걸린다. 나는 하나님을 사랑하는 마음이 모든 그리스도인들에게 생기기를 바란다. 그런 마음이 있는 사람은 이런 거짓 선지자들의 흉계에 빠지지 않고 하나님의 마음 안으로 들어갈 수 있다.

이런 거짓 선지자들이 하는 일은 그리스도인들에게서 하나님의 최고의 선물을 뺏어가는 것이다. 나는 하나님의 사람들에게 "하나님은 가장 오랜 기간 당신에게 최고의 것을 주기 원하십니다"라고 당부해야 한다. 우리의 삶 속에 어떤 일들이 일어나도록 그분이 허락하시는 것은 '더욱 큰 그림'(a bigger picture)을 마음속에 가지고 계시기 때문인데, 그분은 우리가 그 일들을 다 이겨내도록 도우신다.

거짓 선지자들은 "당신이 그리스도인이라면 나쁜 일을 겪지 않을 것이오"라고 당신에게 말할 것이다. 그들의 주장에 따르면, 그리스도인은 모든 일이 잘 풀려야 하고, 손을 대는 것마다 성공해서 번영해야 한다는 것이다. 이런 주장이 듣기에는 좋을지 몰라도, 성경에 뿌리를 둔 것은 아니다. 이런 주장은 결국 하나님께서 우리를 위해 준비하신 것을 보지 못하게 만든다.

하나님의 사람들이 그들을 위한 하나님의 최고의 선물을 빼앗기는 것이 이 세대의 근본적인 문제 중 하나이다. 이 거짓 선지자들이 하나님의 최고의 선물을 사라지게 만드는 것은 자기들에게 제일 좋다고 여기는 것을 얻기 위함이다. 우리가 하나님을 따라야 하는가 아니면 사람을 따라야 하는가? 거짓 선지자들은 우리가 그들을 따르도록 만들기 원한다. 우리가 사람을 따르면, 그는 언제나 우리를 하나님에게서 멀어지도록 이끌어 간다. 이것을 항상 기억하라.

잘못된 방향으로 이끌어 간다

이런 얘기를 하다보니 나는 거짓 선지자들이 사람들을 잘못된 길로 이끌어 간다는 것을 지적하지 않을 수 없다. 어쩌면 이 거짓 선지자들도 누군가에게, 또는 무엇에 속고 있는 것이다. 어쩌면 그들은 자기들이 말하는 것을 진리로 믿고 있을 것이다. 어쩌면 그들은 영혼의 원수에게 이용당하면서도 그 사실조차 의식하지 못하는 것일 수도 있다. 내가 이 모든 것들에 대해 다 아는 것은 아니지만, 한 가지 확실히 아는 것은 그들이 사람들을 하나님에게서 멀어지도록 이끌어 간다는 것이다.

그러나 나는 사람들을 하나님께로 이끌기를 간절히 원한다. 그들이 본래 있어야 할 곳은 하나님 곁이다. 그들의 창조 목적은 하나님과 함께 있는 것이다. "오, 하나님! 당신은 당신을 위해 우리를 지으셨나이다. 우리의 마음은 당신 안에서 안식할 때까지 평안을 모릅니다"라는 성 어거스틴의 고백은 지극히 옳은 말이다. 그렇다! 사람들이 하나님 안에서 안식하도록 만들어주지 못하는 것은, 그들을 지으신 하나님의 근본 목적이 그들에게서 이루어지지 못하도록 방해하는 것이다.

이 거짓 선지자들이 사람들로 하여금 자신들을 계속 따르도록 만들기 위해서는 그들에게 독이 든 영적 음식을 먹여야 한다. 이 독성 음식은 심리학 이론 조금, 감동을 주는 이야기

조금, 신학 조금, 성경 조금 그리고 메시지 전달자 개인의 전부를 섞어서 만들어진다.

거짓 선지자들은 각자 자기 나름대로 이런 독성 음식을 만드는 조리법을 갖고 있다. 잘은 모르겠지만, 솔로몬이 "내 아들아 또 이것들로부터 경계를 받으라 많은 책들을 짓는 것은 끝이 없고 많이 공부하는 것은 몸을 피곤하게 하느니라"(전 12:12)라고 말했을 때 바로 이런 것을 염두에 두지 않았겠는가 하는 생각이 든다.

솔로몬이 이 세대에 홍수처럼 쏟아져 나오고 있는 거짓 선지자들의 독성 서적들을 본다면 무엇이라고 말할까? 이 세대의 모든 그리스도인들에게 악영향을 끼치고 있는 그런 책들이 교회에 차고 넘친다. 거짓 선지자들은 그들이 각자 성경보다 조금 더 높게 평가하는 자기 나름의 책을 쓴다. 그리고 깊이 없는 보통의 그리스도인들이 눈치채지 못하도록 자신의 책을 아주 조심스럽게 그들에게 권한다.

사소한 것들을 강조한다

거짓 선지자들의 또 다른 특징은 하찮은 것들을 하나님의 백성에게 주입하려 한다는 것이다. 과거 그 어느 때보다도 현재 교회 안으로 하찮은 것들이 많이 흘러들어오고 있다. 이런 것들이 세상에서 교회로 흘러들어오고 있지만, 그것을 막는 사람이 어디에도 없다.

나는 묻고 싶다. 교회의 문지기는 어디에 있는가? 교회 안으로 흘러들어오고 있는 것들을 관심을 갖고 지켜보는 파수꾼은 어디에 있는가? 이 점에 있어서 우리의 파수꾼 역할은 실패하였다. 하나님은 구약의 성도에게 이런 경고의 말씀을 주셨다. "인자야 내가 너를 이스라엘 족속의 파수꾼으로 삼음이 이와 같으니라 그런즉 너는 내 입의 말을 듣고 나를 대신하여 그들에게 경고할지어다"(겔 33:7).

파수꾼들이 어디에 있는가? 하나님의 영토 안으로 침입해 들어오는 거짓 선지자들에 대해 그분의 백성에게 경고해주는 선지자들은 어디에 있는가?

이제, 잘못된 운동을 비판하는 설교자는 왕따를 당하고 조롱받는 지경에 이르렀다. 그러나 다른 이들이 듣든지 안 듣든지, 거짓 선지자들을 지적하는 것이 우리의 의무이자 책임이다.

하나님께서는 선지자에게 "그러나 너는 악인에게 경고하여 돌이켜 그의 길에서 떠나라고 하되 그가 돌이켜 그의 길에서 떠나지 아니하면 그는 자기 죄악으로 말미암아 죽으려니와 너는 네 생명을 보전하리라"(겔 33:9)라고 말씀하셨다.

   선지자의 책임은 자기의 메시지를 만들어내는 것이 아니라 하나님으로부터 오는 경고의 메시지를 충실히 전달하는 것이었다. 만일 백성이 하나님의 메시지를 듣고 그들의 악한 길에서 돌이키면 하나님께서 그들에게 복을 주실 것이다. 하지만 백성이 듣기를 거부하고 악한 길에서 돌이키지 않는다고 해도 그것이 선지자의 책임은 아니다. 그는 자기의 일을 다 한 것이므로 나머지는 하나님께서 하실 것이다.

   우리는 하나님의 백성에게 점점 더 영향력을 확대해 나가는 거짓 선지자들에 대해 경고해야 한다. 사람들을 참 하나님에게서 멀어지게 하는 자들에 대해 경고해야 한다. 만일 그들이 들으면 우리는 하나님을 찬양하게 될 것이다. 만일 그들이 듣지 않으면 우리는 탄식하며 슬퍼하겠지만, 우리의 일은 다한 것이다.

> 우리의 하늘 아버지시여! 당신이 선택하신 선지자들에게 메시지를 주시고, 또 그 메시지에 음성을 불어넣어 주셨으니 우리가 무한히 감사하나이다. 택한 선지자들을 보내주소서. 오늘날 당신의 백성이 그들의 악한 길에서 돌이켜 당신을 섬기게 하소서. 아멘.

chapter
03

교회에 주어진
하나님의 메시지

이제 가서 백성 앞에서 서판에 기록하며 책에 써서 후세에 영원히 있게 하라 _사 30:8

참 선지자는 그의 세대에 들려질 하나님의 음성이 되라고 부름 받은 자이다. 그의 사명은 하나님의 백성들이 듣고 순종하도록 하나님의 메시지를 그들에게 전달하는 것이다. 그러므로 그는 하나님의 말씀에 깊이 뿌리를 내려야 한다.

하나님의 말씀의 목적과 사명은 무엇인가? 그것은 우리를 찾아내고, 우리의 위치를 정확히 알려주고, 우리와 우리 시대의 정체를 폭로하고, 우리에게 진리를 계시하는 것이다. 그것은 우리에게 무엇이 잘못되었는지를 보여줄 뿐만 아니라, 우리의 무엇이 옳은지도 알려주는 것이다.

하나님의 메시지가 모든 이들을 위한 것은 아니다

우리가 종종 간과하는 한 가지 사실이 있는데, 그것은 선지자에게는 '세상'에 전달할 메시지가 없다는 것이다. 선지자는 하나님의 말씀과 메시지를 '그분의 백성'에게 전달할 뿐이다. 하나님의 선지자들을 통해 전달된 메시지는 언제나 하나님의 백성과 그들의 총체적 행복을 위한 것이었다. 그런데 예언의 이런 긍정적 측면이 현재 종종 간과되고 있다.

거짓 선지자들이 이제까지 하나님의 교회에 끼쳐왔고 또 끼치고 있는 모든 해악으로 인하여, 현재 예언의 부정적 측면에 집중하는 경향이 나타나고 있다. 물론 우리가 우리의 잘못된 것들을 지적해야 하는 것은 맞다. 그리고 하나님의 말씀이 우리의 잘못을 드러내는 일에 조금도 소홀함이 없다는 말도 맞다. 그러나 긍정적인 것이 있으면 부정적인 것도 있게 마련이다. 이 두 가지는 동전의 양면처럼 붙어 다닌다.

종종 나는 부정적이라는 비판을 받지만 조금도 개의치 않는다. 많은 이들이 100퍼센트 긍정적이 되려고 노력하지만, 그것은 절대로 불가능한 일이다. 어떤 사람이 얼마나 나쁜가 하는 것은 중요하지 않다. 그가 이제까지 살아오면서 무엇을 했는지도 중요하지 않다. 그 사람에게도 언제나 좋은 점이 있기 마련이다. 그런데 이 논리는 정반대의 경우에도 그대로 적용된다. 자기가 완전히 긍정적이라고 믿는 사람에게도 언제나 부정적인 면이 있기 마련이다.

메시지가 성취하는 것

선지자의 일은 하나님의 말씀을 그분의 백성에게 균형 있게 전달하는 것이다. 하나님께서는 그분의 백성에게 부정적인 것을 말씀하실 때마다 긍정적인 것도 말씀해주신다. 이처럼 우리는 부정적인 것도 다루어야 하겠지만, 하나님과 우리의 동행의 긍정적인 면에도 집중해야 한다.

세상에서 이런저런 일들이 긍정적이냐 아니면 부정적이냐 하는 것은 중요하지 않다. 어차피 저 바깥 세상 사람들은 타락한 상태에 있는 사람들이다. 그들이 예수 그리스도를 믿는 믿음을 갖기 전에는, 하나님께서 그들에 관하여 해주실 말씀이 사실 없다. 그들은 장차 임할 심판을 향해 나아가고 있을 뿐이다.

그러나 그들이 교회 안으로 들어오면 얘기는 달라진다. 어떤 사람이 얼마나 깊은 신앙적 퇴보에 빠졌느냐에 상관없이, 하나님은 그 사람이 하나님께 돌아올 수 있는 길을 항상 준비해놓고 계신다. 누가 무슨 짓을 했더라도 하나님이 놀라신 적은 없다.

아담과 하와가 에덴동산에서 선악과를 따 먹었을 때에도 하나님은 충격을 받지 않으셨다고 나는 믿는다. 하나님이 저 하늘 위에서 두 손을 비비며 "이제 내가 어떻게 해야 하지?"라고 걱정하시는 일은 일어나지 않았다. 그분의 계획은 영원 안에서 세워지기 때문에 시간에 의해 파괴되지 않는다.

이 진리를 드러내기 위해서 사도 요한은 요한계시록에 "죽임을 당한 어린 양의 생명책에 창세 이후로"(계 13:8)라고 기록해놓았다. 심지어 하나님이 천지를 창조하시기 전에 하나님의 어린양은 장차 나타날 죄를 위해 희생제사를 이미 드리셨다.

메시지에 담겨 있는 것

하나님의 백성이 어떻게 해야 의롭게 행하는 것인지를 보여주고, 또 그들의 행위가 그들 주변의 세상에 어떤 영향을 줄 것인지를 보여주는 것이 선지자의 메시지의 한 가지 역할이다.

우리는 하나님께서 그분의 백성을 기뻐하신다는 사실을 자주 잊어버린다. 하나님께서 그분의 속량 받은 백성을 기뻐하실 때 큰 소리로 웃으실 것이라고 나는 믿는다. 하나님의 형상대로 지음 받은 사람들이 이제 속량을 받아 그분의 형상을 회복하고 주 예수 그리스도를 아는 지식과 은혜 안에서 성장하는 것이 그분께 기쁨을 드린다. 하나님께서 그분의 백성을 기뻐하실 때 천국은 그분의 웃음으로 충만해질 것이다.

나는 아주 사소한 일 때문에 자기 머리를 계속 때리는 어떤 그리스도인들을 만나보았다. 그런 이들 중 일부는 자기들의 좋은 점들에 대해 말하기를 두려워하는데, 왜냐하면 겸손의 어떤 부분을 위반하는 것이 아닌가 하는 두려움 때문이다. 그러나 그들은 겸손에 대해 아주 크게 오해하고 있는 것이다. 당신이 세상에서 가장 슬픈 사람들을 보려고 한다면, 그들을 보면 될 것이다. 그들과 함께 있으면 자꾸자꾸 슬퍼진다. 그리스도인들이 슬퍼야 한다는 것은 내가 이해할 수 없는 것이다. 우리는 하나님의 푸른 지구 위에서 가장 기쁨이 넘치는 사람이 되어야 한다.

훌륭한 의사가 해야 할 일이란 사람들의 건강상의 문제를 찾아내는 것에서 끝나서는 안 된다. 그들이 건강관리를 잘해 나갈 때 그들을 격려하는 것도 훌륭한 의사가 해야 할 일이다. 그와 마찬가지로 하나님의 말씀이 하는 일은 우리의 잘못을 지적하는 것일 뿐만 아니라, 우리가 잘하는 것을 인정해주면서 "내 자녀야, 잘했다. 계속 전진하라!"라고 말해주는 것이다.

자기 자신을 항상 정죄하는 것은 좋은 것이 아니다. 왜냐하면 하나님의 말씀은 우리 안에 있는 잘못된 것을 지적할 뿐만 아니라, 우리 안에 있는 올바른 것도 드러내기 때문이다. 물론 나는 죄인에게는, 타락한 사람에게는, 하나님을 거역하는 사람에게는 올바른 것이 전혀 없다는 것을 충분히 인정한다. 현재 우리가 볼 수 있는 그런 인기 있는 종교에는 올바른 것이 전혀 없다는 것을 나는 잘 안다. 이런 내 생각은 선지자들의 메시지와 정확히 일치한다.

그러나 선지자들이 언제나 나쁜 소식만을 전하는 것은 아니다. 그들은 우리가 하나님과 계속 교제하도록 힘을 주는 격려의 말도 전한다. 때로는 우리에게 격려가 필요하기 때문에 하나님은 선지자들의 음성을 통해 우리의 삶에 격려의 말씀을 전해주시는 성실함을 보여주신다.

선지자는 메시지 전달자일 뿐이다

하나님의 뜻은 우주의 건강이다. 그분은 천국의 조화이시다. 그분은 낙원의 평안이시다. 하나님의 뜻은 구원 그 자체이다. 그분의 뜻은 빛이다. 그분의 뜻은 도덕적 존재가 원하는 모든 것이다.

이 모든 것을 생각할 때 우리는 선지자의 메시지가 개인적인 비판의 메시지라고 생각해서는 안 된다. 선지자의 메시지는 선지자 개인의 분노에 찬 비판이 아니다. 구약의 선지자들을 연구해보면, 그들의 메시지가 그들에게서 나온 것이 아님을 알게 될 것이다. 그들은 걸핏하면 싸우려 드는 성격을 못 이겨 하나님의 백성을 야단치려는 심보에서 메시지를 전한 것이 아니었다.

다시 말하지만, 메시지는 선지자에게서 나오지 않는다. 하나님은 자신의 백성에게 메시지를 전하기 원하실 때 선지자를 통해 그렇게 하신다. 하나님은 선지자가 메시지의 내용을 결정하도록 허락하지 않으신다.

마르틴 루터는 "제가 여기에 섰나이다. 저에게 다른 선택은 없습니다. 하나님이시여, 저를 도우소서. 아멘"이라고 말함으로써 우리를 위한 기준을 세워주었다. 그는 자신의 일신(一身)

에 어떤 일이 닥칠지라도 메시지를 바꿀 수 없었고, 바꾸려고 하지도 않았다.

메시지는 선지자에게서 나오지 않기 때문에 선지자에 의해서 수정될 수 없다. 그가 할 일은 오로지 하나님께 받은 그대로 메시지를 전달하는 것뿐이다. 그러므로 선지자는 메시지 전달을 위한 특별한 훈련을 받아야 한다. 하나님은 특별한 일을 위한 특별한 준비의 과정을 거치지 않은 사람을 뒷동산에서 데려다가 사용하지는 않는다. 아무나 그분의 선지자가 될 수 있는 것이 아니다. 자기의 세대를 위해 하나님의 선지자나 대변인이 되겠다고 자원하는 사람도 없었다.

하나님이 그분의 선지자에게 맡기시는 메시지는 어떤 일탈도 허용하지 않는 그분의 엄중한 명령이다. 선지자의 노래는 "주께서 이렇게 말씀하셨느니라"(Thus saith the Lord)이다. 이 노래가 아닌 다른 노래는 하나님의 사람을 그의 세대를 위한 하나님의 음성으로 만들어주지 못한다.

하나님의 메시지는 현재의 상황에 도전한다

하나님께서 그분의 선지자에게 주시는 메시지의 한 가지 중요한 특징은 언제나 그분의 백성의 상태를 적절히 이용한다는 것이다. 그 메시지는 누구에게나 해당되는 보편적인 것이 아니다. 하나님께 반역한 자들, 즉 하나님 없는 자들에게 주어질 수 있는 그분의 메시지란 회개를 촉구하는 메시지밖에 없다.

선지자를 통해 전달되는 하나님의 메시지는 언제나 '현재'라는 상황 속에 주어진다. 그 메시지는 그분의 관점에서 본 현재 상황을 정확히 그려준다. 우리는 종종 원칙에 어긋나는 것들을 정당화하고 변명을 늘어놓지만, 하나님의 메시지는 특정 상황의 정곡을 찌르는 그분의 직접적인 말씀으로 임한다. 그분은 그분의 메시지에 대해 변명하실 필요가 없다.

현재 상황에 대한 하나님의 지혜와 해석이 메시지에 담겨 있다는 것을 잊지 말라. 그분은 우리가 볼 수 없는 것을 보시며, 우리가 이해하지 못할 것을 이해하신다. "이는 내 생각이 너희의 생각과 다르며"(사 55:8). 하나님의 지혜가 우리에게 주어지는 것은 우리의 상황에 적용하라고 주어지는 것이다. 선지자를 통해 주어지는 메시지는 우리의 상황을 정확히 보시는 하나님의 지혜를 우리에게 전해준다.

하나님이 주시는 메시지는 언제나 현재 상황에 도전하는데, 그것은 현재 상황의 문제점을 지적하고 사람들을 하나님께로 이끌어 가기 위함이다. 그분은 정죄를 위한 정죄에는 관심이 없으시다. 그분이 정죄하시는 것은 상황을 반전시켜서 사람들을 본래의 자리로, 즉 그분과 교제하는 자리로 이끌어 가시기 위함이다.

하나님의 메시지는 연막을 가르고 임하여 진리를 전하고, 그 진리를 특정 상황에 적용시킨다. 하나님은 단지 그분이 옳다는 것을 증명하시려는 것이 아니다. 그분이 우리에게 증명해주실 것은 없다. 그분이 원하시는 것은 그분의 신적 기쁨(His divine pleasure)의 자리로 우리를 데려가시는 것이다. 우리가 그분의 기쁨에 동참하도록 온갖 수단을 전부 사용하실 정도로 그분은 우리를 지극히 기뻐하신다.

하나님의 메시지는 그분께 돌아가는 길을 보여준다

하나님께서 우리를 지극히 기뻐하신다는 것을 생각하는 사람은, 그분의 메시지에 그분께 돌아가는 길이 언제나 포함되어 있다는 것을 깨닫게 된다. 그분께 돌아가는 길은 단 하나이다. 여러 가지 길 중에서 우리가 하나를 선택할 수 있는 것이 아니다. 오직 하나의 길이 있을 뿐인데, 하나님의 메시지는 그 한 가지 길을 늘 강조한다.

하나님의 메시지는 그 길을 갈 때 우리에게 닥칠 수도 있는 위험을 정직하게 판단해보라고 말한다. 하나님은 그 위험을 과장하실 필요도 없고 과소평가하실 필요도 없다. 선지자의 음성을 통해 언제나 그분은 우리에게 "현재 상황을 정직하게 판단해보고, 그 판단이 나와 너 사이의 관계에 어떤 영향을 끼칠지에 대해서도 생각해보라"고 말씀하신다.

하나님의 메시지를 따르려면 대가를 치러야 한다

선지자의 메시지에 담긴 것은 진리이다. 진리는 언제나 양날의 칼이다. 이쪽과 저쪽을 모두 자를 수 있다. 메시지를 전하기 위해 선지자가 치러야 할 대가가 있고, 그 메시지를 받아들이기 위해 우리가 치러야 할 대가도 있다. 이것은 하나님께서 우리에게 전해주기 원하시는 진리를 그분이 얼마나 중요하게 여기시는지를 분명히 말해준다.

진리라는 것을 우리가 분명히 이해해야 하는데, 진리에는 그분의 뜻뿐만 아니라 그분의 마음도 담겨 있다. 그분은 우리에게 혹독한 훈련을 부과한 후 우리의 고생을 보며 즐거워하는 분이 아니시다. 때때로 어떤 이들이 하나님을 그런 분으로 묘사하는데, 그런 사람들은 어떤 이유에서든 고난 자체를 높이 평가한다. 그러나 나는 내 고난을 기뻐하지 않는다. 고난은 고난일 뿐이다. 그렇기 때문에 '고난'이라고 부르는 것 아닌가?

하나님은 우리가 고난당하는 것을 허용하신다. 왜냐하면 그 고난 때문에 우리가 그분의 마음에 더욱 가까이 가게 될 것임을 아시기 때문이다. 하나님께 돌아가는 길은 쉽지 않다. 그렇기 때문에 적지 않은 사람들이 그 길에서 넘어질 뻔한다. 그런 사람들을 보고 하나님은 눈물을 흘리신다. 그리고 그들이 발걸음을 고쳐서 그분의 마음으로 돌아가는 여행을 다시 시작하도록 선지자의 음성을 통해 그들을 찾아내어 이끌어주신다.

하나님의 마음으로 돌아가는 길은 곧바로 가는 길이다. 우리가 이런저런 경치를 감상하며 여러 곁길을 통해서 가는 것은 그분의 뜻이 아니다. 그분의 길은 곧장 가는 길이다. 그 길은 현재 우리가 있는 곳에서 그분이 계신 곳까지, 즉 그분이 우리를 데려가기 원하시는 곳까지 곧장 가는 길이다. 만일 곁길로 빠져서 시간을 낭비하거나 그밖에 다른 대가를 치르게 된다면 그것은 우리의 책임이다.

그 길이 우리의 근본부터 바꿔버리는 철저한 길이라는 것을 나는 누구보다 앞서 인정하겠다. 예수 그리스도와 나의 관계는 철저한 관계(a radical relationship)이다. 그 관계는 수동적 관계나 편의적 관계가 아니라 철저히 하나님께 초점을 맞춘 관계이다. 어떤 대가를 치르는 한이 있어도 나는 그 관계를 포기하지 않고 하나님께 더욱 가까이 나아가겠다.

우리는 우리 인간의 많은 활동 분야에서 철저한 노력을 마다하지 않는다. 그렇다 우리의 마음이 하나님을 사모하고 추구하는 과정에서 요구되는 철저한 노력을 왜 거부하는가? 아름다운 경치를 보여주는 편안한 기차에서 내려 하늘에 계신 우리 아버지의 마음속으로 곧장 통하는 철저한 길(radical path)로 돌아가자.

철저한 믿음이 요구된다

내가 또 지적하지 않을 수 없는 것은, 이 길이 협상의 대상이 될 수 없다는 것이다. "너희가 오른쪽으로 치우치든지 왼쪽으로 치우치든지 네 뒤에서 말소리가 네 귀에 들려 이르기를 이것이 바른 길이니 너희는 이리로 가라 할 것이며"(사 30:21). 하나님이 이미 길을 정해놓으셨기 때문에 우리에게는 그 길을 가든지, 아니면 그분께 이르지 못하든지 하는 양자택일만이 있을 뿐이다. 하나님은 이 문제를 놓고 협상하는 데 전혀 관심이 없으시다.

우리 시대의 사람들은 협상을 너무 좋아한다. 우리는 여기서 조금 양보하는 대신 저기서 조금 얻어내는 것에 아주 익숙하기 때문에 이런 주고받기를 하나님과의 관계에도 적용할 수 있다고 착각한다. 그러나 그분은 하나님이시다. 그분은 협상의 여지를 남겨놓지 않으신다.

하나님께 돌아가는 길은 그 길에 대한 우리의 이해에 따라 인도함을 받는 길이 아니다. 그 길은 믿음으로 시작되고 믿음으로 계속 가야 하는 길이다. 그렇기 때문에 우리는 '믿음으로 걷기'라는 말을 종종 사용한다. 믿음으로 걸을 때 우리의 관심의 초점은 우리를 부르시는 하나님께 향해야 한다. "보라 세상 죄를 지고 가는 하나님의 어린 양이로다"(요 1:29)라고 증언한 세례 요한이 그랬듯이, 충성스러운 선지자는 그 길을 우리에게 보여준다.

선지자라는 사람은 하나님께 가는 길을 우리에게 보여줄 뿐이고, 그다음에는 우리와 하나님 사이의 문제이다. 선지자가 우리를 하나님께 데려갈 수는 없다. 그는 우리를 올바른 방향으로 인도할 메시지를 전해줄 뿐이다.

지혜로운 선지자는 하나님에게서 받은 메시지를 전해준 다음에 빠져버린다. 선지자는 그가 전해준 메시지에 대해 사람들로부터 칭찬을 듣겠다고 생각해서는 안 되는데, 왜냐하면 그런 칭찬은 주어지지 않기 때문이다. 하나님의 메시지를 전하면 선지자의 의무는 끝난다.

내가 볼 때, 선지자가 맛볼 수 있는 가장 큰 고통은 사람들이 그의 메시지를 무시하는 것이다. 하지만 사람들이 하나님께 순종하도록 만드는 것은 그의 능력 밖의 일이다. 그분을 믿는 믿음이 그들에게 있다면 그들은 순종할 것이다. 그분의 마음으로 가는 길에서 한 걸음 더 전진하게 해주는 믿음이 있는 사람들은 순종한다.

오, 하나님! 당신이 선택하신 선지자들의 충성을 통해 우리에게 주신 메시지를 우리가 기뻐하나이다. 우리가 받은 메시지에 겸손히 순종하게 하소서. 예수님의 이름으로 기도하나이다. 아멘.

VOICE
OF
A PROPHET

PART
02

선지자가 되기 위한 준비

chapter
04

하나님이 선택하시는
선지자

내가 너와 함께 있어 네가 어디로 가든지 너를 지키며 너를 이끌어 이 땅으로 돌아오게 할지라 내가 네게 허락한 것을 다 이루기까지 너를 떠나지 아니하리라 하신지라 _창 28:15

하나님의 위대한 사람들 중 어떤 이들의 전기는 읽으면 꽤 재미있다. 그들 전부가 그런 것은 아니지만, 적어도 그들 대부분은 무명의 상태에서 시작하여 결국에는 하나님께 사용되는 자리까지 올랐다. 그런데 하나님께 선택된 그런 위대한 성도 중 어떤 이들이 오늘날 교회의 어느 부서에서 일하겠다고 자원한다고 가정해보자. 아마 그 부서의 지도자들은 그들에게 봉사의 기회를 주지 않을 것이다.

그러나 감사하게도, 하나님은 일꾼을 고르실 때 우리가 볼 수 없는 것을 보시기 때문에 우리의 추천이 필요하지 않다. 선지자를 선택하실 때 하나님은 오로지 그분이 정하신 이유에 따라 선택하신다.

예상 밖의 후보자

다채로운 인물 야곱에 대해서는 할 말이 너무 많기 때문에 그에 대해서만 얘기하려 해도 책 한 권은 능히 쓸 수 있을 것이다. 그에 대한 이야기는 우리가 창세기에서 얼마든지 읽을 수 있지만, 나는 그의 인생의 가장 중심적 사건에 초점을 맞추고 싶다. 왜냐하면 그것이 지금 우리에게 아주 중요한 의미를 갖기 때문이다. 그의 인생에서 가장 중요한 사건은 하나님을 만나서 완전히 변화된 사건이다.

하나님께서 어떤 개인의 마음속에서 일하실 때, 그분은 언제나 그 사람의 깊은 불만에서부터 출발하신다. 야곱의 경우도 예외는 아니었다.

우선 우리가 생각해야 할 점은 야곱이 결코 훌륭한 인물이 아니었다는 것이다. 무엇보다도 그의 가정은 좋은 가정이 아니었다. 야곱과 에서라는 두 형제가 성장한 가정은 어떤 면에서도 이상적이지 않았다. 그들의 어머니와 아버지, 즉 리브가와 이삭은 이혼하지는 않았지만, 서로 각자의 삶을 살았던 것으로 보인다. 리브가는 야곱을 편애했고 이삭은 에서를 편애했다. 리브가와 이삭은 함께 살면서 두 아들을 길렀다. 리브가와 이삭의 이웃 사람들은 그들에게 문제가 많다는 것을 전혀 몰랐지만, 그들은 마음이 하나 되지 못한 채 살았다.

에서가 이삭이 좋아하는 고기를 집으로 가져왔기 때문에 이삭이 에서를 사랑했다는 것은 웃어야 할지 울어야 할지 모를 일이다. 이삭이 에서를 사랑한 것이 고작 사냥꾼 에서가 사냥을 해서 사슴고기를 갖다주었기 때문이라니! 아버지와 아들의 관계가 고작 그런 것이었다니, 왠지 한심하다는 생각이 든다. 리브가와 야곱의 관계 역시 저급했다.

야곱의 성격은 그의 약점들을 보여주었는데 그것은 정상적이라고 할 수 없는 도덕적 흠결들이었다. 내 할머니께서 야곱에 대한 이야기를 들으셨다면 아마 "야곱은 엄마의 앞치마 끈을 꼭 붙잡았을 거야"라고 말씀하셨을 것이다. 야곱은 중년의 나이가 되었는데도 엄마에게 붙어 있었다.

야곱의 가장 큰 흠결은 거의 위험스럽다고 할 만큼 음흉하다는 것이었다. 그는 누구를 만나든지 그 사람을 속여서 무엇인가를 하게 했다. 자존심을 지키기 위해 비열한 짓을 거부하는 경우가 없었던 것 같다. 그는 정직하지 못한 사람이었다. 야곱이라는 그의 이름은 "발뒤꿈치를 잡은 자"라는 뜻인데, 그에게 아주 잘 맞는 이름이다.

야곱은 탐욕스런 사람이었다. 내가 볼 때, 남의 것을 훔치는 기질이 있었다고 말해야 할 것 같다. 그가 죽을 쑤었을 때를 기억하는가? 그날 에서는 들에서 아무것도 잡지 못하고 배고픈 상태에서 집으로 돌아왔다. 그는 너무 배가 고파서 야곱에게 죽 한 사발을 달라고 했다. 그때 야곱은 기회를 놓치지 않고 "형의 장자권을 내게 넘기면 내가 죽을 주겠소"라고 말했다. 에서는 "내가 죽게 되었으니 이 장자의 명분이 내게 무엇이 유익하리요"(창 25:32)라고 말했다. 야곱은 형을 속여서 장자권을 빼앗았다.

그 후 야곱은 어머니의 도움을 받아 그의 아버지도 속였다. 앞을 보지 못하는 아버지를 상대로 은밀히 부정직한 속임수를 쓴 것이었다. 우리의 머리를 혼란스럽게 하는 것은 이삭이 그의 아들을 알아보지 못했다는 것이다. 이삭이 그의 두 아들과 함께 살았지만 그들의 목소리를 분명히 구별하지는 못했던 것 같다. 그는 "목소리는 야곱의 음성이지만, 팔은 털 많은 에서의 팔이라고 인정할 수밖에 없구나"라고 말했다. 이삭은 하나님께 묻지 않고 팔을 뻗어 야곱에게 장자의 축복을 했다. 오로지 자기의 판단에 따라 그렇게 한 것으로 보인다. 야곱은 바로 그런 집에서 성장한 사람이었다.

야곱은 계산적이었고 흥정하는 성격이었다. 심지어 꿈속에서 어마어마한 환상을 본 후 하나님과의 관계에서도 그런 성격을 드러냈다. "하나님, 제게 복을 주신다면 제가 십일조를 드리겠나이다"라는 태도를 취했다.

야곱이 할 수 있는 도덕적인 일은 하나님께 돌아가 그분 앞에 앉는 것뿐이었다. 그것만이 하나님과의 관계에서 그에게 소망을 줄 수 있었다. 그렇다! 그의 가정생활은 힘들었고, 그의 인격은 비열했고, 그의 가족은 편애하는 부모 때문에 분열되어 있었다. 하나님과 올바른 관계를 가장 잘 맺을 것 같은 사람을 뽑는 투표를 했다면, 야곱은 아마 꼴찌를 했을 것이다! 왜냐하면 그런 사람이 될 것 같은 자질이 보이지 않았기 때문이다.

뱀처럼 구불구불하고 요리조리 잘 빠져나가는 그의 행동을 본 사람이라면 누구나 "저 사람에게는 바랄 것이 없다. 소망 없는 친구이다"라고 말했을 것이다. 그러나 하나님은 다르게 보셨다!

이것은 내가 이해하지 못하는 깊은 신비이다. 신사다운 특징들을 모두 갖춘 사람이 완전히 자기만족에 빠져 하나님에게서 백만 킬로미터 떨어져 있을 수 있다. 반면, 아무 자질을 갖추지 못한 사람이라도 하나님께 쓰임 받을 수 있다.

야곱이 하나님께 쓰임 받을 가능성이 있다고 본 사람은 아무도 없었을 것이다. 그러나 나는 하나님께서 소망 없는 사람들을 사용하시는 일에 탁월한 기술을 갖고 계신다는 것을 깨달았다.

만일 내게 선택권이 주어졌다면 나는 야곱이 아닌 에서를 선택했을 것이다. 내가 볼 때, 에서가 야곱보다 훨씬 나은 사람이었다. 사실, 에서는 그렇게 나쁜 사람이 아니었다. 야곱은 늘 자기 주변에 있는 모든 것을 구부러진 시각으로 보았다. 내가 그 당시에 살았다면 나는 에서와 친해졌을 것 같다.

그러나 나는 결정권이 내게 있지 않고 하나님께 있다는 것에 감사한다. 하나님은 에서에게 없는 것을 야곱에게서 보셨다. 하나님은 그분의 목적을 이루기 위해 사용될 수 있는 어떤 것이 야곱에게 있다는 것을 아셨다. 비록 에서가 괜찮은 사람이었지만, 그분의 목적을 이룬다는 차원에서 그분이 공감할 수 있는 것이 에서에게는 전혀 없었다.

야곱과 에서의 차이는 무엇이었을까?

거룩한 불만

야곱의 깊은 내면에는 자신에 대한 큰 불만과 하나님을 향한 동경이 있었다. 어떤 사람이 자기 자신에 대해 깊은 불만을 갖고 있지 않다면 하나님은 그를 도우실 수 없다. 야곱은 죄에 깊이 빠져 있었지만, 그 죄는 내세까지 그를 따라갈 정도로 깊은 것은 아니었다. 에서는 죄에 깊이 빠져 있었던 것은 아니지만, 그가 가진 것에 만족했다. 에서의 가장 나쁜 점을 꼽자면 정신적으로 만족했다는 것인데, 그것이 그를 망하게 했다.

나는 사람들이 얼마나 멀리 가버렸는지에 대해서는 너무 걱정하지 않는다. 내가 크게 걱정하는 것은 그들이 어떤 방향을 향하고 있느냐가 아니라 그들이 올바른 방향을 향하느냐 아니냐이다. 즉, 나는 그들이 하나님을 갈망하는지에 관심이 있다. 우리가 하나님을 간절히 찾지 않는다면 우리는 현재 상태에서 벗어나지 못하고 영적 정체 상태에 빠지고 만다.

일부 선한 사람들이 그들의 영적 삶에 있어서 현재 상태에 만족하고 마는 것은 무엇 때문인가? 그들은 친절한 사람들이고, 함께 어울리기에 좋은 사람들이지만 열정이 없다. 반면, 아주 삐딱하고 죄가 많고 성격이 나쁘고 기질이 악한 사람 중 어떤 이들이 마음에 동요를 느끼고 하나님을 향한 갈망과 열정을 보이는 것은 무슨 이유 때문인가? 아무튼, 이 두 부류의 사람들 중에서 야곱은 후자에 속했다.

야곱에게 만족이 없었던 것은 하나님께서 그를 찾으려고 애쓰셨기 때문이다. 그는 자신의 아버지를 속였기 때문에 마음이 편하지 않았고, 집과 어머니를 떠나야 했기에 마음이 아팠다. 그는 두려움과 불확실성과 깊은 고독에 빠져 있었다. 당시 그는 삶의 변화를 요구하는 조건들을 다 갖추고 있었다.

삶의 변화에 이르는 길

지금까지 우리는 최악의 상태에 처한 야곱을 보았지만, 이제부터는 하나님을 만나서 최선의 상태로 바뀔 수 있는 길로 가고 있는 야곱이 우리 눈에 보인다. 최악의 야곱이 최선의 야곱으로 바뀌었다. '발뒤꿈치를 잡은 자' 야곱이 하나님께 존귀한 자가 되었고, 그의 이름도 '이스라엘'로 바뀌었다. 그렇다면 이런 변화가 어떻게 찾아온 것일까?

야곱은 오직 하나님과 함께했다

야곱은 오직 하나님과 함께 있었다. 당신은 오로지 홀로 그분을 만나야 한다. 오직 당신과 하나님이 길을 찾아내야 한다. 만일 당신이 하나님 앞에서의 깊은 고독을 체험하지 못했거나 그것을 배우지 못했다면, 아마 그분의 도움을 많이 받을 수 있는 위치에 있지는 않을 것이다. 모든 위대한 이들은 홀로 하나님께 나아가야 했다. 하나님께서는 야곱을 완전한 고독의 상태로 몰아넣기 위해 모든 일을 진행시키셔야 했고, 바로 그 시점에 그분이 야곱에게 나타나셨다.

하나님의 마음을 얻으려는 인간의 시도가 있으려면, 인간의 마음을 얻으려는 하나님의 시도가 먼저 있어야 한다. 그분이 먼저 시작하셔야 한다. 그렇기 때문에 그분이 야곱에게 나타나신 것이고, 야곱의 마음속에 불만과 불안이 있었던 것이고, 그가 목적 없는 행동을 거듭해야 했던 것이다. 영원한 신비가 인간 야곱을 압도해왔다.

야곱이 집에서 도망쳐 나왔을 때 지극히 놀라운 일 중 하나가 그에게 일어났다. 그가 광야에서 누워 자다가 꿈속에서 보니 사닥다리의 꼭대기가 하늘에 닿았고, 하나님의 사자들이 그 위에서 오르락내리락했다(창 28:12).

야곱은 자기에게 하나님이 필요하다는 것을 깨달았다

야곱이 꿈을 꾼 사건에서 내가 좋아하는 부분은 그가 꿈에서 깨어난 후 "여호와께서 과연 여기 계시거늘 내가 알지 못하였도다"(창 28:16)라고 말한 것이다. 하나님은 언제나 그곳에 계셨다! 언제나 그곳에 계시면서 인내심을 가지고 야곱을 기다리셨던 것이다.

잠에서 깬 야곱은 갑자기 내적 삶에 눈뜨기 시작했다. 그는 하나님과 하나님나라의 빛나는 기이함에 눈을 떴다. "하나님이 과연 여기 계시거늘 내가 알지 못하였도다"라는 말은 하나님의 실재(實在)에 눈을 뜬 사람들의 입에서 나오는 공통적인 고백이다. 그들은 우리가 그분에게 속해 있고 그분이 우리에게 속하시며, 우리가 그분의 것이고 그분이 우리의 하나님이시며, 우리가 그분 이외의 그 누구에게도 속하지 않는다는 것을 깨달았다.

우리가 깨달아야 할 것은 우리를 늘 따라오시는 하나님께 반응해야 한다는 것이다. 그분이 언제나 우리를 따라오신다는 것은 신비이다. 그분이 찾아와 우리를 따라다니시고, 그분을 향한 갈망을 우리 안에 불어넣어주신다는 것이 얼마나 놀라운 사실인가! 나는 그분을 닮은 것이 우리 안에 있다는 것을 안다. 나의 이 말은 우리가 무조건 구원받는다는 뜻으로 하는 말이 아니다. 왜냐하면 우리도 회개하고 거듭나지 않으면 마찬가지로 멸망하기 때문이다. 내 말은, 우리 안에 있는 그 무엇이 우리가 하나님이라고 부르는 '지극히 크신 분'에게 반응한다는 것이다.

하나님은 그분이 보내시는 신호가 사람들에게 도달하도록 애쓰신다. 하지만 자기가 가진 것에 만족하는 사람들은 아무것도 듣지 못한다. 야곱처럼 그늘진 양심을 갖고 불만스럽고 편치 않게 살아가는 사람들만이 무엇인가를 본다. 그들은 무엇인가를 듣고 결국에는 그분을 만난다.

우리는 그리스도를 통해 하나님을 체험한다. 하나님이 인간이 되신 분 그리스도를 통해 우리는 하나님과 관계를 맺고 교제를 나눌 수 있다. 하나님은 주 예수 그리스도를 통해 우리를 좇아오신다. 그분은 우리가 영적인 눈을 뜨기를 원하신다.

야곱이 잠에서 깬 것은 단순히 육체적 잠에서 눈을 뜬 것만을 의미하지는 않는다. 비록 그리스도께서 동정녀 마리아의

태를 빌려 육신으로 이 땅에 오시기 전이었지만, 그것은 하나님을 아는 지식과 그리스도를 믿는 믿음이 얼마나 놀랍고 신기한 것인지에 눈을 뜬 사건이었다. 이것은 우리가 이해할 수 없는 것이며, 설명될 수 있는 것도 아니다.

우리는 우리의 형상을 닮은 하나님을 만들어내려고 애써왔다. 우리의 형상대로 하나님을 만들어놓았기 때문에 우리는 그분이 행하실 것으로 예상되는 모든 것들을 설명할 수 있다는 착각에 빠져 있다. 그러나 어떤 존재의 모든 것을 우리가 설명할 수 있다면 그 존재는 하나님이 아니다.

하나님을 만난 사람들은 누구도 정의(定義)할 수 없는 영적 체험을 한 것이다. 그들은 그것을 더욱더 정의할 수 없었다. 단지 그들은 숭모(崇慕)의 감정에 사로잡혀 아무 말도 못 하고 서 있었다. 단지 기뻐할 뿐이었다. 단지 그분과의 만남을 즐겼고, 그분께 감사했고, 그분께 순종했고, 그분을 더욱 찾았고, 더욱 기뻐했고, 세상에 나가 그분께 더욱 복종했다.

야곱은 다른 무엇보다도 하나님을 알기 원했다

그 옛날의 야곱은 비록 구부러진 사람이었지만, 그래도 그에게는 그의 단점을 상쇄시켜주는 장점이 하나 있었다. 그의 마음속 깊은 곳에는 하나님을 알기 원하는 거룩한 불만이 있었고, 하나님은 그것을 알고 계셨다. 그가 하나님을 알기를 정말 간절히 원하면 그 무엇도 그를 그분에게서 멀어지게 할 수 없다는 것을 그분은 알고 계셨다. 실제로 야곱은 하나님을 알기를 정말 간절히 원했다.

만일 지금 당신이 아무 불만 없이 현재의 상태에 만족한다면 당신을 위한 어떤 일도 일어날 수 없다고 나는 믿는다. 그럴 경우, 그 누구도 당신을 위해 무엇인가를 해줄 수 없다. 에서를 위해서는 그 누구도 아무것도 해줄 수 없었다. 그는 자신과 자기 삶에 만족했다. 그에게는 영적 갈망(동경)이 없었다. 그에게 도덕적 불만이나 영적 갈망이 있었음을 보여주는 증거는 그의 삶의 어느 구석에서도 발견되지 않았다. 하나님을 향한 영적 갈망이 당신의 마음속에 있다면, 그것이야말로 지극히 귀한 보물이다.

야곱은 우리가 이 책에서 말하는 의미에서의 선지자는 아니었다. 그는 하나님께서 아무것도 아닌 것처럼 보이는 사람을 택하시어 어떻게 사용하시는지를 보여주는 아주 좋은 예이다. 하나님은 자신의 영적 삶에 불만이 있어 그분을 갈망하는 사람을 찾아가시고, 지극히 아름다운 체험을 통해 그를 만나주시고, 결국 그를 사용하여 영광과 존귀를 받으실 수 있다. 하나님의 음성으로 쓰임 받기 위해서 선지자는 하나님을 만나서 그의 도덕적 약점을 극복해야 한다.

오, 야곱의 하나님이시여! 우리가 야곱에게 지극히 공감하나이다. 그가 그의 삶 속에서 겪은 불만이 우리의 마음에 깊이깊이 와닿습니다. 우리 자신과 현재의 우리의 상태에 절대 만족하지 않게 하시고, 당신을 향한 뜨거운 갈망을 우리에게 심어주소서. 그렇게 되면 당신이 우리가 있는 곳으로 찾아와 우리를 만나주실 수 있을 것입니다. 아멘. 아멘.

chapter
05

하나님은 선지자를 어떻게 준비하시는가?

> 야곱은 홀로 남았더니 어떤 사람이 날이 새도록 야곱과 씨름하다가 자기가 야곱을 이기지 못함을 보고 그가 야곱의 허벅지 관절을 치매 야곱의 허벅지 관절이 그 사람과 씨름할 때에 어긋났더라 _창 32:24-25

야곱의 이야기를 읽을 때 나는 속임수, 부정직, 거짓말, 음모 그리고 배신이 보이기 때문에 마음이 착잡해진다. 이런 것들이 모두 그의 이야기 속에 녹아 들어 있다. 그의 가족 중 늙은 이삭을 빼고 나머지 사람들은 모두 죄가 있었다. 그리고 형 에서가 야곱보다 나은 사람이었다.

야곱은 그의 형 에서에게 큰 잘못을 범했다. 우선 그는 에서가 배가 고플 때를 이용해서 그에게 흥정하려고 기회를 엿보았다. 그는 에서가 먹는 것에 무척 약하다는 것을 알았기 때문에 절호의 기회를 잡아서 맛있는 죽을 쑤었다. 그가 만든 죽 냄새를 맡은 사람이라면 누구나 군침이 돌았을 것이다. 에서가 배가 고파서 돌아왔을 때 야곱은 기회를 놓치지 않고 에서에게 "형의 장자권을 내게 팔면 내 죽을 먹게 해주겠소"라고 제안했다.

야곱의 엄마 리브가는 그녀의 남편 이삭을 속여 이삭이 에서 대신 야곱을 축복하도록 만드는 속임과 배신의 드라마에 야곱을 끌어들였다.

야곱의 이야기를 읽을 때 나는 야곱이 그다지 좋게 느껴지지 않는다. 나는 그의 형 에서가 그보다 훨씬 더 괜찮은 사람이라고 생각한다. 만일 내가 그 당시에 살았다면 에서와는 잘 지냈겠지만, 야곱과는 좀 피곤한 관계로 살았을 것이다.

그러나 그럼에도 불구하고 야곱은 하나님께서 그분의 선지자를 어떻게 준비시키시는지를 보여주는 좋은 예가 된다. 그의 이야기는 하나님께서 '천성적으로' 좋지 않은 사람을 '은혜의 차원에서', 좋지 않은 사람의 손에서 어떻게 건지시는지를 보여주는 이야기이다. 야곱은 그가 꿈꾸지 못했던 방법으로 그의 형 에서의 손에서 건짐을 받았다.

하나님의 선지자가 그분의 메시지를 그분의 백성에게 전달할 수 있는 자질을 갖추기 위해서는 특이한 준비 과정을 거쳐야 한다. 야곱은 에서의 손에서 건짐을 받아야 했다.

내가 발견한 놀라운 사실은 하나님께서 선지자를 선택하실 때 어떤 사람의 전력을 보고 그를 탈락시키지는 않으신다는 것이다. 하나님은 그분께 복종할 사람을 택하고 그를 변화시켜서 결국 사용하신다는 것이 내가 이 책에서 하고 싶은 말이다.

심슨(A. B. Simpson) 박사가 뉴욕에 나이약대학(Nyack College)을 세웠지만, 나이약대학은 심슨 박사 같은 사람을 길러내지 못했다. D. L. 무디가 무디성경학교를 세웠지만, 무디성경학교는 무디 같은 사람을 배출하지 못했다. 이 두 대학은 주 예수 그리스도의 종을 아주 많이 길러냈다. 그런데 내가 깨달은 것은, 선지자가 그의 사역을 감당할 수 있도록 준비시킬 수 있는 분은 오직 하나님이시라는 것이다. 선지자 학교들은 엘리야나 엘리사 같은 사람들을 배출하지 못했다.

하나님은 그분의 메시지를 그분의 백성에게 전하기 위해 가장 미천해 보이는 사람을 택하여 선지자로 만들어서 능력의 종으로 사용하기를 기뻐하신다. 야곱이 바로 그런 사람이었다. 만일 야곱과 에서 중에 선택해야 한다면 나는 에서를 선택하는 실수를 범할 것이다. 그렇게 될 수밖에 없는 이유는 하나님의 시각으로 보지 못해서 결국 그분만이 보실 수 있는 것을 놓치기 때문이다.

하나님의 선지자가 되기 위한 준비

하나님께서 그분의 일을 이루기 위해 어떻게 선지자를 준비시키시는지 야곱의 예를 통해 살펴보자.

야곱은 과거에 직면해야 했다

하나님께서 야곱에게 요구하신 1단계는 그가 얍복 강을 건너 그의 과거와 마주하는 것이었다. 야곱의 경우, 아직 완결되지 못한 과거의 일이 꽤 많았다.

하나님은 어떤 사람이 과거의 일을 완전히 매듭짓기 전에는 그를 사용하지 않으신다. 과거가 깔끔히 정리되었을 때 비로소 선지자가 앞으로 전진할 수 있게 하신다.

어떤 이유에서든 과거가 자꾸 우리의 발목을 잡는다면 앞으로 나아가는 것은 불가능하며, 하나님께 쓰임 받기도 매우 어렵다. 과거는 무시하고 넘길 수 있는 것이 아니다. 예수님이 십자가에서 죽으신 것은 우리의 모든 과거를 처리하시기 위함이었다. 하나님께서 어떤 사람을 사용하시려면, 십자가에서 일어난 사건에 근거하여 그 사람의 현재까지의 모든 채무를 정리하셔야 한다.

야곱은 그의 형 에서와의 관계가 아직 정리되지 않고 남아 있었다. 야곱이 가장 만나기 싫어하는 사람은 에서였지만, 하나님의 계획은 그가 에서를 만나는 것이었다! 야곱은 원하든 원하지 않든 간에 얍복 강의 물살을 헤치고 건너가 그의 과거와 마주 대해야 했다.

야곱은 자신이 싸워야 할 지독한 원수가 강 저편에 있다는 것을 알면서도 그 강을 지척거리며 건너야 했다. 야곱과 같은 경우가 우리에게도 얼마든지 일어날 수 있다. 우리도 원하든 원하지 않든 간에 '우리의 얍복 강'의 물살을 헤치고 건너가야 한다.

야곱은 영적으로 준비되어 있어야 했다

야곱은 하나님이 우리를 이기시는 것이 하나님이 우리의 원수를 이기시는 방법이라는 사실을 배워야 했다. 인간의 관점에서 보면 이런 방법은 말이 안 된다. 하지만 이것이야말로 지극히 중요한 영적 준비이다. 만일 하나님께서 야곱을 온전히 겸손하게 만들지 않으셨다면, 야곱은 형 에서에게 그토록 온유하고 겸손한 태도를 보이지 못했을 것이다.

만일 그가 고개를 빳빳이 들고 두 주먹을 꽉 쥐고 에서를 만났다면 그는 즉시 죽임을 당했을 것이다. 만일 그런 일이 일어났다면 그것은 야곱의 자업자득이다. 후대의 모든 사람은 그것을 보고 "나는 에서의 편에 선다"라고 말했을 것이다. 에서는 야곱에게 복수하려고 여러 해를 기다린 사람이었다. 만일 그가 복수를 했더라도 그를 비난할 사람은 아무도 없었을 것이다.

하나님은 그것을 아셨고, 야곱도 그것을 알았고, 에서도 그것을 알았다. 야곱이 그의 아내들에게 그의 과거에 대해 말을 해주었는지 아닌지는 모르지만, 만일 얘기를 해주었다면 그의 아내들은 야곱의 편을 들지 않고 에서의 편을 들었을 것이다. 야곱은 곤경에 처했다. 그는 크게 두려워했는데, 그것은 당연했다.

하나님의 첫 번째 관심사는 야곱을 영적으로 준비시키는 것이었는데, 그렇게 해야만 야곱이 에서의 손에서 벗어날 수 있었기 때문이다. 그리하여 그분은 야곱에게 강제적으로 그 준비를 시키셨다.

당신의 미래는 당신이 만들어가는 것이다. 당신의 과거 전부가 당신의 미래에 그대로 반복되는 것은 아니지만, 당신의 미래에는 당신의 과거가 일부 섞여 있게 된다. 당신은 이것을 얼마든지 믿어도 좋다. 어떤 미래가 당신에게 찾아올지 모르겠지만, 그것이 찾아왔을 때 당신은 준비가 되어 있어야 한다. 그렇기 때문에 하나님께서는 그분이 사용하실 사람을 특별히 준비시키신다.

'준비'라는 것이 교육 분야와 경제 분야 외에는 필요가 없다고 믿는 사람이 많다. 그러나 야곱은 이 두 분야에서는 이미 준비가 잘 되어 있었다. 하지만 하나님이 그를 통해 이루려고 하시는 것과 관련해서는 거의 준비가 되어 있지 않았다. 세속적인 준비는 선지자에게 맡겨질 역동적인 영적 사명을 위한 준비가 되지 못한다.

영적 준비는 시간과 아무 관계가 없다. 영적 준비는 언제나 하나님의 손안에 있다. 우리가 할 일은 순종뿐이다. 모세는 하나님께 사명을 받기 전에 광야에서 40년을 보내야 했다. 사도 바울도 하나님께 쓰임 받기 전에 광야에서 '그에게 필요한 만큼의 시간'을 보내야 했다.

야곱은 싸움의 결과를 하나님께 맡겨야 했다

하나님께서 그분의 선지자를 준비시키시는 것과 관련하여 우리가 세 번째로 살펴볼 것은 일이 일어나기 전에 이미 결과가 결정된다는 것이다. 전투의 승리는 싸움이 일어나는 그 날에 얻어지는 것이 아니다.

손자(孫子, BC 544)는 그의 책《손자병법》에서 아주 훌륭한 말을 했다. "전투의 승리는 싸움이 일어나기 훨씬 전에 결정된다." 모든 군사 전략가들은 이 조언을 받아들여 전쟁에 미리미리 대비해왔다. 역사는 전투의 날에 승패가 결정되는 것이 아니라는 것을 보여준다.

사울 왕은 길보아에서 죽었지만, 사실 그는 이미 엔돌에서 패배한 것이다. 왜냐하면 엔돌에서 사무엘의 영을 불러올리라고 신접한 여인에게 부탁했기 때문이다. 사무엘은 사울이 아침이 되기 전에 죽을 것이라고 말해주었다.

당신이 오늘 행하는 것은 당신의 내일에 큰 영향을 끼친다. 내일의 전투의 승패는 오늘 결정된다.

야곱은 문제의 뿌리까지 파내려 가야 했다

선지자를 준비시키는 문제와 관련해서 우리가 중요하게 생각해볼 것이 있다. 야곱은 모든 삶의 뿌리가 결국 영적이라는 것을 배워야 했다. 그렇다! 모든 문제는 오직 영적인 방법을 통해서 해결된다. 이것은 우리가 쉽게 배울 수 있는 교훈이 아니다.

이제까지 우리는 이와는 다르게 배워왔다. 현재 우리에게는 심리적, 교육적, 지적인 해결책, 심지어 경제적 해결책이 주어진다. 그러나 이런 해결책들은 오직 표면적인 문제들만 다룰 뿐이다. 당신이 어떤 사람의 경제적 문제를 해결해줄 수는 있겠지만, 경제로 풀 수 없는 문제가 그 사람의 마음 중심에 있다.

야곱은 에서의 손에서 빠져나오기를 원했지만, 에서에게 얼굴을 맞대고 대들 수 있는 능력이 없었다. 에서는 야곱을 눈 깜짝할 사이에 채찍으로 후려칠 수 있는 사람이었다. 신체적으로 야곱은 에서의 적수가 못 되었다. 모든 면에서 에서가 유리했다.

야곱은 그의 문제의 핵심에는 영적인 방법으로만 해결될 수 있는 문제가 있다는 진리를 배워야 했다. 이 진리 앞에 무릎을 꿇기 전에 그는 밤새도록 하나님과 씨름을 해야 했다. 야곱이

에서를 이기기 전에 하나님께서 먼저 야곱을 이기셔야 했다. 언제나 이것이 하나님의 방법이다.

우리의 모든 문제의 해결 방법은 영적인 것이다. 가장 위험한 것들은 모두 영적인 위험들이다. 다른 종류의 위험은 없다. 예수님은 "몸은 죽여도 영혼은 능히 죽이지 못하는 자들을 두려워하지 말고 오직 몸과 영혼을 능히 지옥에 멸하실 수 있는 이를 두려워하라"(마 10:28)라고 경고하셨다. 예수님의 말씀에 따르면, 우리의 문제는 육체적 위험이 아니라 영적 위험이며, 눈에 보이는 적(敵)은 사실 우리의 진짜 적이 아니다. 어떤 사람이 당신을 죽이려고 총을 가지고 다가온다 해도 그는 사실 당신의 진짜 적이 아니다. 당신의 진짜 적은 당신 안에 있는 적이다. 왜냐하면 당신 안에 있는 적이 당신으로 하여금 그 사람에게 당하도록 만들기 때문이다.

야곱이 에서에게 행한 것 때문에 에서가 야곱의 적이 되었지만, 사실 야곱의 진짜 적은 에서가 아니었다. 야곱의 적은 야곱 자신이었다! 야곱을 대적하는 것은 야곱의 마음 안에 있는 구부러진 것이었다. 하나님께서 그 구부러진 것을 펴주셨을 때 에서는 더 이상 야곱의 적이 아니었다. 우리의 진짜 위험의 뿌리는 영적인 것이기 때문에, 우리의 내면적 삶이 고침을 받으면 우리의 외부의 적은 모든 힘을 상실하게 된다.

마귀가 예수님께 가까이 왔을 때 예수님은 마귀에 대해 "이 세상의 임금이 오겠음이라 그러나 그는 내게 관계할 것이 없으니"(요 14:30)라고 말씀하셨다. 마귀가 당신 안으로 들어올 수 있는 때는 당신 안에 그와 잘 부합하는 것이 있을 때뿐이다. 마귀와 잘 부합하는 것이 당신 안에서 발견되지 않으면 그는 단지 두루 다니며 으르렁거릴 뿐, 당신 안으로 들어오지 못한다. 모든 문제에는 그것들에 상응하는 영적 해결책이 있다. 우리가 하나님의 뜻을 받아들이면 승리하고, 그렇지 않으면 패배한다. 그토록 간단하다!

야곱은 하나님께서 그를 이기시도록 해야 했다

하나님께서 그분의 일을 위해 우리를 준비시키시는 방법에 대해 야곱의 삶이 주는 또 다른 교훈은, 하나님께서 우리를 이기시면 우리는 '이길 수 없는 사람'이 된다는 것이다.

야곱은 인생의 초기에 불쌍한 사람이었다. 그는 음모를 꾸미고, 타산적이고, 흥정하고, 거짓말하고, 도망하고, 속이고, 또 속기도 했다. 그런 일들이 너무 많았다. 그러던 중 하나님이 찾아와 그의 힘을 깨뜨리셨다. 그리고 그를 이스라엘로 만들어주셨는데, 왜냐하면 하나님이 이기셨기 때문이다. 하나님이 그를 정복하셨을 때 그는 이스라엘의 존귀한 자로 살다가 죽었다.

하나님은 우리를 이기심으로써 우리의 원수들을 이기신다. 그분이 우리를 이기시는 것은 우리가 받아들이기에 가장 힘든 준비 과정이다. 그러나 언제나 그분은 당신을 이기심으로써 당신의 원수들을 이기신다는 것을 기억하라. 그분은 자기 힘으로 싸우겠다고 주먹을 꽉 쥐는 사람의 편에 서서 싸우시지 않는다. 만일 당신이 밖에 나가 저 미운 놈의 머리를 한 대 후려치려고 한다면 하나님께서는 당신이 그렇게 하도록 내버려 두실 수도 있다. 그런데 당신이 그를 후려치지 못한다면 오히려 당신이 머리를 얻어맞을 개연성, 심지어 가능성도 있다. 아무튼, 하나님은 밖에 나가 누군가의 머리를 때리려는 사람의 편에 서서 싸우시지 않는다.

만일 당신이 정신을 차리고 하나님께서 당신의 삶 속에서 그분의 일을 하시도록 순종한다면 그분은 당신을 이기실 것이고, 그 결과 그 누구도 당신을 이기지 못할 것이다.

그러나 우리는 그런 식으로 일이 풀리는 것을 좋아하지 않는다. 우리는 하나님이 우리 편에 서주시기를 원한다. 그렇기 때문에 "오, 하나님! 제게 오시어 승리를 주소서"라고 기도한다. 그러나 그분은 우리의 그런 기도에 응답하지 않으시며, 우리가 원하는 방식으로 일하기를 원치 않으신다. 그분은 오셔서 당신을 이기실 것이고, 그 결과 당신의 원수는 당신을 제압할 능력을 상실할 것이다.

여러 해 전에 하나님은 아주 특별한 방법으로 출애굽기 23장을 내게 주셨다. 그 후 이 출애굽기 23장은 내가 평생 붙들어야 할 장(章)이 되었다고 말해도 과언이 아니다. 이 장을 내게 주실 때 하나님은 내 원수가 내게 등을 돌리고 도망하도록 해주시겠다고 말씀하셨다. 그때부터 지금까지 나는 내 원수의 신체 부위 중에서 오직 그의 목덜미만을 잡을 권리가 내게 허락되었다고 믿어왔다. 내가 하나님의 손아래에 계속 머무는 한, 내 원수는 나를 괴롭힐 수 없다. 내가 내 검을 놓으면 승리는 내 것이 된다. 그러나 내가 그것을 내 손에 쥐고 있으면 나는 패배한다. 내 힘으로 싸우면 반드시 패한다.

화재로 다 타버린 장소에서는 다시 화재가 일어날 수 없다. 그와 마찬가지로, 하나님께 정복당한 사람은 동일한 문제로 그분께 또다시 정복당할 필요가 없다. 하나님은 당신의 영혼을 상대로 일하시어 당신을 그분 아래로 낮추신다. 그렇게 되면 하나님은 당신이 누군가의 아래로 낮아지는 것을 절대 허락하지 않으실 것이다.

야곱은 겸손해져야 했다

야곱의 이야기는 하나님이 허락하시는 훈련의 마지막 단계가 어떤 것인지를 잘 보여준다. 에서의 손에서 벗어났을 때 야곱은 "힘으로 이길 수 없는 곳에서 겸손이 이긴다"는 진리를 배웠다. 만일 야곱이 무기를 잡았다면 그 무기를 의지해야 했을 것이다. 그럴 경우, 그는 에서의 조건에 따라 에서에게 맞서야 했을 것이고, 결국은 패했을 것이다.

야곱은 먼저는 하나님께, 그다음은 에서에게 무릎을 꿇어서 승리를 거두었다. 야곱은 겸손한 옷을 입으니까 아주 멋있어 보였다. 담대한 옷을 입었던 과거의 야곱보다 겸손한 옷을 입은 현재의 야곱이 훨씬 좋아 보였다. 겸손이 연약함의 표시라고 생각하지 말라. 사실, 겸손은 강함의 표시이다. 우리가 오만과 교만에 빠진다면, 그것이야말로 연약함의 표시이다. 낮은 자리를 차지하는 것이 결코 굴욕적인 것은 아니다.

어떤 사람이 웨일스의 한 설교자를 찾아와 자기 가정에 어려움이 있다고 털어놓았다. 그 설교자는 그 사람의 고민의 핵심을 잘 꿰뚫어 보고 이렇게 조언했다. "나는 당신의 가정과 당신과 당신의 아내에 대해 잘 모릅니다. 나는 당신의 이야기의 한 측면만을 알지만, 한 가지 확실히 아는 것이 있습니다. 가정생활에 문제가 생겼을 때 그것을 해결해주는 것은 거의 모든 경우에 겸손입니다."

두 사람 중 어느 한쪽이 겸손해지면 문제는 해결된다. 상대는 가만히 있는데 혼자서 싸움을 지속하기는 쉽지 않다. 그러므로 한쪽만 싸움을 계속한다면 연료가 부족해져서 그 싸움의 불이 꺼지고 말 것이다.

얍복 강을 건너도록 우리에게 강요하는 상황들이 발생할 수 있는데, 그런 경우 일부는 우리의 자업자득이다. 그런 자업자득은 차라리 우리가 깨끗이 인정하는 것이 낫다. 내가 원치 않았지만, 부득이 맞서지 않으면 안 되는 사람들을 나도 몇 번 겪어보았다. 누구나 살다보면 그런 경우를 겪게 될 것이다.

그런 경우 중 일부는 우리의 자업자득이 아닌데, 우리의 자업자득이 아니라 할지라도 그리스도를 위해 십자가를 진다고 생각하는 편이 차라리 좋을 것이다. 그런데 그런 일에서 두려운 점은 우리가 사랑하는 사람들이 우리와 함께 위험에 처할 수도 있다는 것이다. 당신의 가족을 가장 잘 지킬 수 있는 방법은 겸손한 아버지가 되는 것이다. 하나님은 겸손한 가정이 파괴되는 것을 허락하지 않으실 것이다. 어떤 가족의 가장이 하나님 앞에서 겸손하다면, 하나님은 원수가 들어와 그 가정을 파괴하는 것을 절대 허락하지 않으실 것이다. 그런 가정 위에 우산을 펴주실 것이다.

물론 하나님께서 그 가정에 질병이 생기는 것조차 허락하지 않으실 거라고 말하는 것은 아니다. "하나님은 그분의 주권적 지혜 가운데 가족 중 어떤 이들을 더 일찍 천국으로 데려가지는 않으실 것입니다"라고 말하는 것은 아니다. 내 말은, 겸손한 가정에 해악이 닥치는 것을 그분이 막아주신다는 것이다. 아픈 것과 해악을 당하는 것은 다르다. 조금 다치는 것과 해가 되는 나쁜 일을 당하는 것은 다르다. 하나님의 선한 뜻은 하나님의 자녀들이 다치는 것을 허락할 수도 있겠지만, 궁극적으로 해로운 일이 그들에게 일어나는 것은 그분의 선한 뜻이 아니다. 누구도 선한 사람에게 해악을 끼칠 수 없다.

우리가 낮아져서 온전히 복종하면 승리의 지름길을 걷는 것이다. 반면, 일어나 우리의 힘으로 싸우면 패배의 지름길을 선택하는 것이다. 우리의 하나님은 우리 편에 서서 우리를 위해 일하기를 좋아하신다. 우리가 우리 자신을 낮추면 그분은 우리를 위해 일하기를 좋아하신다.

야곱이 에서의 손에서 벗어나는 방법은 영적 준비가 필수적이라는 사실을 깨닫는 것이다. 그렇다! 영적 전투의 결과는 싸움이 일어나는 날에 결정되지 않고, 이미 그 전에 몇 년에 걸쳐서 하나님과 맺은 영적 관계에 의해 결정된다는 것을 배우면 에서의 손에서 벗어날 수 있다. 또 우리가 배워야 할 것은 하나님께 정복당한 사람은 그 누구에게도 정복당하지 않는다는 것이며, 힘으로 도저히 이길 수 없는 곳에서 겸손이 이긴다는 사실이다. 하나님은 하나님을 진지하게 대하는 사람을 진지하게 대하신다.

영원한 하나님이시여! 우리를 데리고 우리의 얍복 강을 건너소서. 그리고 우리를 이기심으로써 우리를 승리로 이끄소서. 우리의 승리가 당신의 승리가 되게 하소서. 아멘.

chapter
06

압도적인
하나님과의 만남

아브람이 구십구 세 때에 여호와께서 아브람에게 나타나서 그에게
이르시되 나는 전능한 하나님이라 너는 내 앞에서 행하여 완전하라

_창 17:1

 나는 다음과 같은 이야기를 하는 것이 주저된다. 왜냐하면 나 자신이 그럴 자격이 없다고 느껴지기 때문이다. 살아 있는 믿음의 고동치는 심장에 대해 말할 자격이 나에게 있나 하는 생각이 든다.
 아브람에게는 성경, 교회, 종교적 신념, 성경선생, 복음전도

자, 찬송가 그리고 성경학교가 없었다. 다만 그에게는 공허하고 굶주린 마음이 있었고 하나님이 계셨다. 여기서 우리는 고대의 '경배의 근원'을 보게 된다. 즉 참 종교의 뿌리를 보게 되는데 이 뿌리에서 모든 교파, 모든 교회, 온갖 형태의 예배 그리고 우리가 당연히 여기는 모든 것들(오르간, 피아노, 선견자 및 설교자)이 나왔다. 하지만 아브람에게는 이런 것들이 전혀 없었다. 아브람은 그저 하나님을 만난 사람이었다.

조상 아브라함은 모든 사람을 대표한다. 즉, 그는 모든 믿는 자들의 조상이다. 그에게는 종교적 문제들이 없었다. 있었다 해도 그는 그것을 곧바로 하나님께 가져갔다. 그는 그분과 대화를 나누었다. "내 문제는 죄의 문제가 아니라 종교의 문제다"라는 말로 자신을 속이고 죄를 버리지 않았기 때문에 지금 지옥에 있는 사람이 얼마나 많겠는가!

아브람과 하나님의 만남은 살아 있는 만남이었다. 하나님이 문지방을 넘어와 아브람의 경험 속으로 들어오셨다는 것을 알라. 아브람은 그분을 체험적으로 알게 되었다. 하나님은 얼굴과 얼굴을 대하여 아브람을 만나셨다.

모든 하나님의 사람들의 경우, 특히 선지자들의 경우, 모든 것은 하나님을 분명히 의식하는 데서 시작된다. 그분을 분명히 의식하는 것! 이것이 출발점이다. 하나님을 만나는 사건, 즉 그분이 발걸음을 내디뎌 문지방을 넘어 우리의 체험 속으로 들어오시는 사건이 바로 출발점이다. 바로 그 사건이 아브람에게 일어났다. 분명히 들을 수 있는, 생동감 넘치는, 살아 있는 주님의 말씀이 그에게 임하였다.

하나님을 만나는 것!

나는 '영적 체험'이라는 것을 확실히 믿는다. 이것의 뿌리를 얘기할 것 같으면, 영적 체험이 초대교회의 신자들, 사도들 그리고 심지어 우리 주 예수 그리스도에게도 있었다. 이분들은 모두 하나님을 만나는 체험을 했고, 그 체험은 하나님의 말씀이 진리임을 확증해주었다.

오늘날 우리의 문제는 믿는다고 하면서도 우리에게 확증이 없다는 것이다. 하나님의 말씀이 진리라는 확신이 우리 마음에 없다. 하나님은 진리이시며 거짓말을 하실 수 없기 때문에 그분 안에 있는 것을 확증하실 필요가 없지만, 우리에게는 확증이 있어야 한다. 그것이 없다면 아주 한심한, 핏기 없는, 실망한, 불만스러운 그리스도인에 불과하다. 이런 확증의 체험이 분명한 의식(인식)에서 시작된다는 것은 당연한 일이다. 무엇인가를 의식(인식)한다는 것은 더 이상 분석될 수 없는 원초적인 것이다. 우리는 어떤 것을 처음에는 어렴풋이 의식하지만, 조금 후에는 그것을 분명히 의식하게 된다.

아브람을 생각할 때 내 머리에는 '아브람이 분명히 의식한 것은 무엇이었을까?'라는 의문이 떠오른다. 우리가 그에게서 볼 수 있는 것은 사람이 무엇인가를 분명히 의식했다는 사실이다. 나는 온 세상의 신학자나 설교자에게 "당신들이 '무엇인가에 대한 분명한 의식'을 그리스도의 교회에서 제거할 수 있을 것 같소? 할 수 있다면 해보시오. 장담하건대, 절대 못할 것이오"라고 분명히 말해주고 싶다. 하나님과의 만남을 분명히 의식할 수 있는 권리가 우리 모두에게 있다.

확증, 내적 인식, 즉 우리 안에 주어질 수 있는 하나님의 증거를 소유할 수 있는 권리가 우리 모두에게 있다. 이것은 단지 내 개인의 의견에 지나지 않는 것이 아니다. 우리 기독교의 믿음의 조상들은 이제까지 이것을 믿어왔다.

하나님께서 아브람의 의식적 경험의 문지방을 넘어오신 사건은 하나님이 그의 삶의 체험 속으로 밀고 들어오신 사건이었다. 인간이 하나님을 만나면 그의 마음을 황홀경까지 몰아넣을 수 있는 의식이 생긴다. 우리는 그런 만남이 아브람에게 어떻게 영향을 끼쳤는지를 알아야 할 것이다.

바닥에 엎드리다

아브람은 바닥에 엎드렸고 하나님께서 그에게 말씀하셨다. 아브람의 올바른 위치, 인간의 올바른 위치 그리고 하나님께 합당한 위치를 이 장면보다 더 잘 보여주는 것은 성경에 나오지 않는다고 나는 믿는다. 하나님은 보좌에서 말씀하셨고, 아브람은 엎드려 들었다! 이것이 언제나 이상적인 것이다. 하나님은 말씀하시고 인간은 듣는다.

현대의 복음주의 교회에서 우리가 '임재하시는 분'을 분명히 의식하지 못하는 것을 나는 비판하지 않을 수 없다. 우리는 하나님을 분명히 의식하지 못한다. 우리는 하나님의 음성을 듣지 못하고, 단지 그분의 음성을 기록한 것을 들을 뿐이다. 우리는 하나님의 얼굴을 보지 못하고, 다만 그분의 얼굴을 그린 그림을 볼 뿐이다. 그분의 음성을 듣지 못하고, 그 소리의 메아리만을 들을 뿐이다. 언제나 우리는 그분에게서 한 걸음 떨어져 있다.

하나님을 그린 그림을 그만 보고 그분을 보기 시작할 때, 메아리를 그만 듣고 그분의 음성 자체를 들을 때, 그분을 역사에서 만나는 것이 아니라 체험 속에서 만날 때, 우리는 아브람이 그분 앞에 엎드렸을 때 깨달았던 것을 깨닫게 될 것이다.

오늘날 교회는 역사가 말해주는 하나님, 역사가 말해주는 그리스도에 만족한다. 역사 속의 하나님과 역사 속의 그리스도는 우리에게 있지만, 살아 있는 개인적 체험 속에는 없다. 그렇기 때문에 우리가 그토록 불만스럽고, 그토록 공허하고, 하나님의 일에서도 그토록 기쁨을 거의 느끼지 못하는 것이다.

아브람은 누군가 '두려운 신비'(mysterium tremendum)라고 부른 저 두렵고 압도적인 신비의 임재를 의식하면서 엎드렸다. 그는 자기 앞에 계신 두려운 분에게 엎드렸다. 그분은 그에게 다가오고 계셨고, 그의 위로 오르셨고, 그를 이기셨고, 그의 자신감을 깨뜨리셨고, 그를 압도하셨다. 그러면서도 그를 초대하셨고, 그를 부르셨고, 그에게 간절히 말씀하셨고, 그에게 약속하셨고, 그를 그분께 끌어당기셨다. 그분이 내가 사랑하는 하나님이시다.

그러나 오늘날 우리는 그분을 우리의 손으로 붙잡아 마음대로 휘두르고 고압적으로 명령할 수 있는 분으로 축소시키고 말았다. 그러나 크신 하나님, 즉 우리 주 예수 그리스도의 아버지께서는 우리의 의식과 이해 능력과 모든 의문을 초월하시어 그분의 무한함 속으로 들어갈 수 있는 분이시다. 그렇기 때문에 그분은 능하신 큰 하나님이라고 불리신다.

바로 이런 하나님께서 아브람에게 접근하신 것이었다. 우리가 살면서 물건을 사고 물건을 팔고 번성하고 먹고 자고 결혼하고 우리의 사상을 전파하다가 늙어서 결국 죽었는데, 그 평생 사는 동안 아브라함의 하나님, 즉 '두려운 신비', 보좌에 앉으신 '지극히 크신 분'을 만나지 못했다면, 우리는 평생 무엇을 한 것인가? 그분을 만나지 못했다면…. 천국에서 아무 소리도 나지 않고, 밤에 아무도 보이지 않는다면 우리가 저 밖의 초장에 있는 양 떼보다 나은 것이 무엇인가?

세상을 가져가고 내게 예수님을 주시오

세상을 가져가고 내게 예수님을 주시오
세상의 모든 기쁨은 이름뿐이오
하지만 그분의 사랑은 언제나 머물러 있으니
영원한 날들 동안 동일할 것이오

오, 높고 깊은 자비!

오, 길고 넓은 사랑!

오, 완전한 속량!

끝없는 저 위의 생명의 약속!

- 패니 크로스비(Fanny Crosby, 찬양 전도자, 찬송가 작사가)

나는 세상과 세상의 모든 즐거움에 어느 정도 신물이 난다. 그것들은 일시적이기 때문에 대개 금세 사라진다. 세상은 내 궁극적 목적지, 즉 천국에서 나를 멀어지게 하려고 애쓴다. 우리는 이리 뛰고 저리 뛰면서 이 세상이 주는 장난감과 위로를 얻어 보지만, 그런 것들이 우리의 내적 영혼에 만족을 주지 못한다는 것을 깨달을 뿐이다. 나는 "세상을 가져가고 내게 예수님을 주시오"라는 패니 크로스비의 말에 전적으로 동감한다. 왜냐하면 예수님만이 이 세상과 영원한 세상에서 진정으로 만족을 줄 수 있는 분이시기 때문이다.

예수님은 "사람이 만일 온 천하를 얻고도 제 목숨을 잃으면 무엇이 유익하리요 사람이 무엇을 주고 제 목숨과 바꾸겠느냐"(마 16:26)라고 물으셨다. 이것은 모든 인간이 던져야 할 질문이다. 각 사람이 이 질문에 어떻게 대답하는지를 보면, 그 사람에 대해 많은 것을 알 수 있다. 당신은 당신의 영혼을 위해 무엇을 내놓을 것인가?

아브람은 좋은 생각 하나를 붙들었다. 그것은 "오직 하나님만이 중요하시다"라는 생각이었다. 하나님의 거룩한 목적은 인간이 그분을 의식(인식)할 수 있도록 인간에게 그분을 계시하시는 것이다. 아브라함이라는 사람은 하나님을 만났고, 그 결과 그분 외에 다른 것은 중요하지 않게 되었다. 하나님의 임재로 인하여 큰 기쁨을 맛본 아브라함은 다른 것으로는 도저히 만족할 수 없었다. 아브람이 하나님께 완전히 매료되었다고 표현해도 지나친 말이 아닐 것이다.

현대 교회에 절박하게 필요한 것은 오직 하나님만을 중요하게 여길 정도로 그분에게 푹 빠져 있는 남자들과 여자들이다. 징글벨(jingle bell)을 부르는 아이들과 온갖 연예오락과 장난감들이 교회를 즐겁게 해주겠다는 목적으로 세상으로부터 교회 안으로 사이펀(대기의 압력을 이용하여 액체를 하나의 용기에서 다른 용기로 옮기는 데 사용되는 관)을 통해 흘러들어오는 현상에 신물이 난다.

만일 우리가 그런 것들에 마음을 빼앗겨 즐거워하는 사람들이라면 우리는 하나님의 임재를 의식적으로 체험하지 못한 것이며, 모든 세상적 욕망을 우리에게서 사라지게 하는 '두려운 신비'를 아직 만나지 못한 것이다. '두려운 신비'를 만난 사람은 오직 하나님만을 중요하게 여길 정도로 그분께 매료된다.

모든 것들에는 의도와 목적이 있기 마련이다. 하지만 그것들이 본래의 목적과 다른 목적에 사용될 수도 있다. 그런 현상은 오늘날 너무 자주 볼 수 있다. 귀를 예로 들어보자. 귀는 하나님이 그것을 만드신 본래의 목적에 맞게 사용될 때, 즉 듣는 일에 사용될 때 가장 잘 쓰이는 것이다. 물론 귀가 안경을 거는 데 사용될 수도 있지만, 그것은 그분이 본래 의도하셨던 목적으로 사용되는 것이 아니다.

엎드려 하나님의 말씀을 들어라

나는 하나님께서 아브람에게 다음과 같은 취지로 말씀하셨다고 생각한다. "내가 네게 메시지를 주려고 한다. 네게 내 뜻을 말해주려고 하는데, 네가 내 말을 들으려고 한다면 이렇게 말해주고 싶다. 아브람아, 너는 내 형상대로 만들어졌다. 너는 한 가지 목적을 위해 계획되었는데, 그것은 내 궁정에서 나를 섬기고, 내 보좌 앞에서 나를 경배하는 것이다. 너는 나를 영원히 영화롭게 할 것이다. 영원히 내 앞에서 살며 밤낮 쉬지 않고 '거룩하다, 거룩하다, 거룩하다 만군의 여호와여'라고 찬양할 것이다. 그리고 인간의 능력으로는 도저히 이해할 수 없는 복을 누리게 될 것이다. 아브람아, 이것이 내가 너를 창조한 목적이다. 이것을 잊지 말라." 나는 아브람이 절대 잊지 않았다고 생각한다.

결국 아브람은 우리 인간의 창조 목적이 무엇인지를 최초로 깨달은 사람이 되었다. 무엇보다도 우리는 예배자가 되어야 한다. 하나님은 예배하도록 당신을 창조하셨다. 그분은 당신의 영혼 안에 하프를 넣으셨다. 그분은 그 하프에서 어떤 음악이라도 흘러나오게 할 수 있는 유일한 분이시다. 그분은 당신의 영혼 안에 하프를 넣으셨고 당신의 영혼 안에 그분의 형상을 넣으셨다. 그렇게 하신 목적은 당신이 그 하프를 그분께 드리고, 그분이 그것을 사용하여 음악을 만들어내서 온 우주에 퍼지도록 하기 위함이다. 아브람은 그분께 영광을 돌리는 것을 배워야 했다. 우리도 역시 그것을 배워야 한다. 그 밖에 다른 것은 중요하지 않다.

결국, 오직 하나님만이 중요하시다. 만일 당신이 하나님과 당신 사이에 있는 모든 것을 말끔히 정리하고 그분을 당신의 영적 체험의 범위 안에 모시면, 하나님이 다른 모든 것을 해결해주실 것이다.

모든 문제의 뿌리는 영적인 것이다. 만일 하나님이 당신과 함께하신다면 모든 것은 풀리게 되어 있다. 우리 주변에 이런 저런 것들이 제대로 되어 있느냐 아니냐 하는 것은 그다지 중요하지 않다. 왜냐하면 어차피 우리는 이 땅에서 그렇게 오래 살지 않기 때문이다.

하나님의 임재를 의식하게 되면 그분의 음성에 귀를 기울이게 될 것이다. 단지 종교의 단계에 머무는 사람들은 하나님의 존재를 믿으면서도 그분의 음성을 듣지 못한다. 신이 어딘가에 틀림없이 존재한다고 믿는 수동적인 믿음으로는 충분하지 않다. 그런 수동적 믿음은 아브람에게 충분치 못했고, 오늘날 우리에게도 충분하지 못하다. 하나님은 우리가 그분을 의식하도록 만들기 원하시는데, 그것은 우리가 그분의 음성을 듣고 그분을 볼 수 있도록 하기 위함이다.

그분의 뜻이 이루어지기 위해서 우리는 모든 외부적 방해물에서 벗어나야 한다. 이것은 아브람 그리고 성경의 다른 모든 선지자들의 경우에 그랬고, 그와 마찬가지로 우리의 경우에도 그렇다. 우리가 모든 외부적 방해물에서 벗어나도록 하기 위해 하나님은 필요한 모든 조치를 취하실 것이다. 우리가 그 단계에 이르기 위해 요구되는 것들이 있다면 무엇이든지, 그분은 아브람에게 그러셨듯이 우리에게도 기꺼이 그렇게 행하실 것인데, 왜냐하면 우리와의 교제를 간절히 바라시기 때문이다.

여호와께서 아브람에게 나타나셨고, 아브람은 거기서 여호와께 제단을 쌓았다.

하나님의 영이시여, 제 마음에 임하소서

당신의 천사들처럼 나도 당신을 사랑하도록 가르쳐주시고
하나의 거룩한 열정이 제 온 몸을 채우게 하소서
하늘에서 내려온 비둘기를 느끼게 하시고
제 마음은 제단이, 당신의 사랑은 불길이 되게 하소서

- 조지 크롤리

하나님은 언제나 거기에 계셨었지만, 아브람이 방금 그분을 알게 되었을 뿐이다. 과거부터 지금까지의 모든 예배자에게도 마찬가지이다. 지극히 높은 신분으로 태어난 자부터 지극히 낮은 신분으로 태어난 자에 이르기까지, 왕에서부터 농부에 이르기까지, 이것은 모든 위대한 신앙인들에게서 공통으로 일어났던 일이다. 그들이 크신 전능의 하나님을 만났을 때 무엇인가가 그들을 변화시켰고, 그들의 내면에서 무엇인가 변했고, 그들의 눈에는 우주의 얼굴색과 색깔이 달라져 보였다.

나는 그분의 것, 그분은 나의 것

위의 하늘은 파랑보다 부드럽고
주변의 땅은 녹색보다 달콤하네
온갖 색조 속에 무엇인가 살고 있지만
그리스도 없는 눈은 보지 못했네
더욱 기쁜 노래들이 새들에게서 넘쳐흐르고
꽃들은 더욱 깊은 아름다움으로 빛나니
내가 그분의 것이고 그분이 나의 것임을
지금처럼 분명히 알기 때문이라
내가 그분의 것이고 그분이 나의 것임을
지금처럼 분명히 알기 때문이라

- 조지 로빈슨

하나님께서 당신의 마음 안에 계시면 모든 것이 좋아 보인다. 경배의 감동에 사로잡힌 사람이 하나님을 즐거워하는 마음으로 사물을 바라보면 모든 것이 좋아 보인다.

이 경우를 잘 보여주는 것이 창세기 17장에 나오는 아브람의 경우이다. 창세기 17장에서 우리는 '신비로운 임재'를 보게 된다. 즉 불, 깊은 어두움, 놀라움을 읽게 된다. 아브람은 '하나님'이라고 불리는 존재 앞에서 자기가 정말 아무것도 아니라고 느꼈다. 아브람은 당황했고, 혼란스러웠고, 아무 생각도 나지 않았고, 낯선 곳에 와 있는 것처럼 느꼈고, 매우 기뻤고, 깊이 매료되었다. 이 모든 것이 그의 마음속에서 일어났고, 이 일로 인하여 아브람이 '아브라함'이 되었다!

아브라함은 경배했다

현재 우리가 과거처럼 실제로 제단을 만들어놓지는 않지만, 그래도 우리에게 있어서 제단은 성스러운 것이다. 제단은 오직 하나님만을 중요하게 여기는 장소이다. 거기에 있을 때 우리는 그 밖의 다른 모든 것들, 즉 소음이나 잡담 같은 것들에서 벗어나게 된다. 거기서 우리는 오직 하나의 목적, 하나님을 예배하는 데 온전히 헌신하게 된다.

'분리된 사람'만이 하나님의 음성을 분명히 들을 수 있다. 여기서 분리된다는 것은 외부에서 들리는 온갖 목소리와 소음에서 벗어난 상태를 가리킨다. 하나님의 사람이 그분의 음성을 분명히 들으려면 그 밖의 다른 음성들은 모두 제거되어야 한다.

하나님께 쓰임 받으려는 사람은 분리되어야 한다. 그래야만 그분이 말씀하셨을 때 그분의 음성을 알아들을 수 있다. 그분의 음성을 들을 수 있는 사람만이 그분의 메시지를 전할 수 있다.

하지만 오늘날, 음성을 분명히 듣지 못할 수도 있는 위험성이 있다. 음성 자체가 불분명해서 잘 알아들을 수 없고, 우리가 음성을 부분적으로만 듣게 되면 메시지는 분명히 전달될 수 없다. 사실, 오늘날 복음주의 교회는 이러한 위험에 직면해 있다.

옳지 않은 것을 옳다고 생각하면 위험한 일이다. 속으로는 원치 않으면서 겉으로 시늉만 내는 사람은 진짜를 맛볼 수 없다. 하나님께서 우리의 자각적 의식(意識)의 문지방을 넘어서 우리 안으로 밀고 들어오실 때 비로소 우리는 실재를 경험하게 된다. 기록된 말씀이 살아 있는 말씀이 되고 우리가 하나님의 음성을 분명히 듣게 될 때 비로소 실재의 체험이 가능해진다.

진리를 부분적으로만 듣게 되면 매우 위험해진다. 부분적 진리는 이단을 만들어낸다. 진리의 어떤 부분을 말하지 않기 때문에 이단이 되는 것은 아니다. 그 부분 이외에 다른 부분을 빼놓고 말하기 때문에 이단이 되는 것이다.

진리를 부분적으로만 설명하는 현상은 심지어 복음주의 교회에서도 나타나고 있다. 그렇게 된 원인은 누군가 하나님의 음성을 단지 부분적으로만 들었기 때문이다. 그런 사람은 멀리서 오는 음성이나 알아듣기 힘든 메아리를 듣는 것이다. 우리가 듣지 못하고 놓치는 부분이 우리를 멸망시킬 수도 있다는 것을 기억하라.

지극히 크신 하나님

오, 거룩한 삼위일체시여!
지극히 고요한 기도의 밤의 깊은 어둠 속에서
우리가 눈부신 빛 가운데 당신을 경배하나이다
거룩한 삼위일체시여!
동등한 성삼위의 한 하나님이시여,
우리가 당신을 찬양하나이다
오, 거룩한 삼위일체시여!
당신을 향한 사랑을 위해

우리가 죽을 수 있으면 좋겠나이다
비교할 수 없는 삼위일체시여!
거룩한 삼위일체시여!
동등한 삼위일체의 한 하나님이시여,
우리가 당신을 찬양하나이다

- 프레더릭 W. 페이버

우리 믿음의 조상들은 이 시에서 볼 수 있는 거룩한 불로 활활 타올랐다. 그러나 옛날에 그토록 밝은 빛을 뿜어내던 살아 있는 불길이 이제는 어디에 있는가? 그 불이 우리에게 없는 것은 그것을 체험하지 못했기 때문이다. "나는 그리스도를 영접합니다"라고 말하면 교회 안으로 받아들여진다. 그러나 새 신자 카드에 인적 사항을 기재하고 교회 모임에 참석했다고 해서 하나님을 만난 것은 아니다.

오, 살아 계신 하나님! 우리가 당신의 거룩한 임재를 의식할 수 있도록 우리가 가진 개성의 딱딱한 껍질을 깨부수고 우리 안으로 들어오소서. 예수님의 이름으로 기도하나이다. 아멘.

chapter
07

선지자의
성공의 비결

여인이 엘리야에게 이르되 내가 이제야 당신은 하나님의 사람이시요 당신의 입에 있는 여호와의 말씀이 진실한 줄 아노라 하니라 _왕상 17:24

나는 엘리야를 성도라고 부르는 데 주저하지 않는다. 우리와 성정(性情)이 같은 사람이었음에도 그는 '하나님의 마음에 합한 사람'이었다. 구약의 가장 위대한 사람 중 하나, 아니 실로 성경의 가장 위대한 영웅 중 하나였지만 사실 이 사람은 내세울 것이 거의 없는 사람이었다.

어느 주일 아침에 만일 엘리야가 교회에 나타난다 해도 아마 우리는 그가 교회 안으로 들어오는 것을 허락하지 않을 것이다. 설령 그가 들어오는 것을 허락한다 해도 그를 설교단에 세우지는 않을 것이다.

이처럼 바람직한 자질들이 거의 없는 반면 바람직하지 못한 자질들이 아주 많았던 엘리야였지만, 그에게는 무언가 있었다. 바로 그 무엇 때문에 하나님은 그를 높여주고 그에게 복을 주셨다. 가장 놀라운 것은 엘리야 이후 만대(萬代)의 사람들이 빛과 격려를 얻을 수 있도록 하나님께서 그를 산 위의 표지등으로 세우셨다는 것이다.

그렇다면 엘리야의 비결은 무엇이었을까? 그에게 있었던 것은 무엇이고, 없었던 것은 무엇인가? 그는 어떤 입장 또는 어떤 태도를 취했는가? 그의 어떤 점을 하나님이 사용하셨는가? 어떻게 해서 그는 거짓 선지자들에 맞서 싸울 수 있는 용기를 가질 수 있었는가?

하나님 앞에 섰던 엘리야

엘리야가 담대할 수 있었던 비결은 그가 하나님과 함께 있었고, 또 하나님 앞에서 경험했다는 것이다. 그는 우주의 궁극적 존재를 발견한 사람이었다. 그 존재를 발견하는 자리까지 도달한 사람은 극소수이다. 하나님 앞에 서는 것은 그 밖의 어떤 존재 앞에서도 두려움 없이 설 수 있도록 우리를 준비시켜준다. 엘리야에게서 우리는 영원한 것을 발견한 사람을 보게 된다.

우리가 오늘날 죄 때문에 궁극적 존재를 놓치고 있지만, 그럼에도 불구하고 인간은 그 존재를 찾으려고 언제나 발버둥친다. 이렇게 사람들로 하여금 미친 짓을 하도록 부채질하는 것은 무엇인가? 바로 하나님으로부터 나오는 것과 죄로부터 나오는 것이 마음속에서 벌이는 싸움이다. 이런 싸움이 내면에서 진행되고 있는데, 어찌 그들에게서 자연스러운 행동이 나올 수 있겠는가?

이것을 잘 표현해주는 것이 위대한 찬송가 작가 필립 도드리지(Philip Doddridge, 1702-1751. 영국의 비국교파 성직자)의 글이다. "오랜 세월 분열되어 있었던 내 마음이여! 이 복된 중심에 뿌리를 박고 이제 안식하라. 안식하라." 이 말의 중요성을 다시금 일깨워주는 것은 에드워드 모트(Edward Mote, 1797-1874. 영국의 찬송가 작사자로 '이 몸의 소망 무언가'를 썼다)의 찬송가 가사이다. "아무리 좋은 상황이라도 그것을 의지하고 않고 온전히 예수님의 이름만 의지하네."

깨끗하지 못한 것 중에서 거룩한 것을 찾았을 때 엘리야는 절대적이고 궁극적인 실재(實在), 유한을 초월하는 무한을 발견했다. 즉 불완전한 것 중에서 완전한 것을 찾은 것이고 일시적인 것 속에서 영원한 것을 발견한 것이었다. 엘리야는 이 모든 것을 발견했지만, 그가 발견한 것은 철학이 아니었다.

그와 반대로 많은 종교인은 단지 종교 철학자들일 뿐이다. 그렇다고 해서 그들이 대단한 종교 철학자인 것도 아니다. 그들은 그들의 종교 철학을 퍼뜨리기 위해 평생을 허비하지만, 엘리야는 종교 철학이 아니라 하나님을 발견했다! 그가 발견한 것은 종교나 '인생의 비법'이 아니었다. 그는 하나님을 만났다. 그분을 발견한 것과 그분이 아닌 이런저런 것들을 발견하는 것은 너무너무 다르다!

우리가 세례를 받고, 성찬식에서 떡을 떼고, 포도주를 마시고, 교회의 모든 가르침에 따라 생활을 바꾼다고 할지라도 마음은 여전히 공허하고 비참할 수 있다. 무슨 이유 때문인가? 하나님께서 그분을 위해 우리를 지으셨기 때문이며, 우리의 마음은 그분 안에서 만족을 얻을 때까지 진정한 만족을 모르기 때문이다.

우리에게 필요한 것은 하나님이시다! 죄를 지었을 때 우리는 하나님을 잃어버렸다. 우리가 구원 얻었을 때 돌아갈 곳은 바로 하나님이시다. 우리가 그리워하는 분, 우리에게 필요한 분은 바로 하나님이시다. 엘리야는 바로 그 하나님을 발견했다.

엘리야는 그의 조상 아브람처럼 오직 하나님만이 중요하다는 것을 깨달았다. 엘리야는 큰 왕에게 "내가 하나님 앞에 서 있나이다"라고 말했다. 엘리야의 삶을 자세히 들여다보면, 그의 영적 만남(체험)이 삶 속에서 시험의 불에 던져졌다는 것을 알 수 있다. 현대의 기독교는 큰 문제에 빠져 있다. 우리는 직접적으로 듣지 못하고 간접적으로 듣는다. 하나님과의 참된 만남을 체험하지 못했기 때문에 믿음을 삶에 적용하지 못한다. 어떤 이들의 경우, 신앙은 동쪽으로 가고 몸은 서쪽으로 간다. 그들이 가는 방향과 그들의 신앙이 가는 방향이 다르기 때문에 서로 만나지 못한다.

삶 속에서 시험의 불에 던져지다

선지자의 비결은 그리스도인이 오늘날 승리의 삶을 살아갈 수 있는 비결이기도 하다. 꽉 막힌 것 같은 상태를 돌파하고 궁극적 실재를 만나기 위한 용기를 가지려면 우리의 삶 속에서 하나님을 발견해야 한다.

만일 지난주에 당신이 그리스도인이 아니었다면 어떻게 살았을까? 그리스도인이기 때문에 당신은 비그리스도인과 다르게 살았다! 그리스도인으로서 당신은 매일매일의 삶 속에서 비그리스도인들과 어떻게 다르게 사는가?

우리는 사랑에 대해 말한다. 그런데 당신은 당신에게 얼마를 썼고 남들에게 얼마를 베풀었는가? 우리는 희생에 대해 말한다. 그런데 큰 차를 타고 다니는 것, 좋은 매트리스에서 잠을 자는 것, 또는 하루에 세 끼를 전부 챙겨 먹는 것, 이런 것에서 당신의 희생이 있었는가? 지금 우리는 어떤 희생을 치르며 사는가? 우리가 그리스도인이 아니라면 행하지 않을 것인데, 그리스도인이기 때문에 행하는 것이 있는가? 그리스도인이라는 것과 비그리스도인이라는 것 사이에 지금 차이가 있는가? 나는 그 둘 사이에 차이가 있다는 것을 확인하고 싶다.

예수 그리스도가 단지 옷깃에 꽂혀 있는 꽃 한 송이 같은 존재인가? 그저 그분은 좋은 분, 아름다운 분일 뿐인가? 기독교는 단지 장식품에 불과한 것인가? 아니면 그 뒤에 실재를 가지고 있는가?

엘리야는 실재를 발견했다. 그는 그것을 보았고, 그의 영적 삶은 현실의 삶에서 시험의 불 속에 던져졌다. 그는 자신의 믿음을 그의 일에, 자신의 신념을 그의 생활에 적용했다. 그러나 현재 기독교의 많은 부분은 단지 아름다운 상징일 뿐이다. 살아 있는 실재가 그 뒤에 없다.

그리스도인이라고 불리지만, 극도의 곤경에 처하면 그냥 무너지고 마는 경우가 허다하다. 많은 그리스도인이 그리스도인의 삶을 살아가고 있다고 말한다. 거듭났고, 성경책을 가지고 다니고, 사경회에 참석하고, 그 시대의 종교인들 속에 섞여서 살아간다. 그러나 현실적으로 아주 힘들어지면 그들과 그들의 신앙은 각기 다른 길을 간다.

믿음은 육체를 입는다

그러나 엘리야는 그런 죄를 범하지 않았다. 그는 하나님을 보았고 그분과 함께 있었기 때문에 곤경에 처했을 때도 믿음을 버리지 않았다. 그는 하나님과 함께 있었기 때문에 일어섰고 "나는 엘리야다. 하나님 앞에 서 있노라"라고 고백할 수 있었다.

엘리야는 담대한 사람이었다. 담대함의 화신이었다고 말해도 과언이 아니다. 하나님은 말씀이 다시 인간의 삶 속에 성육신(成肉身)하기를 원하신다. 그렇다! 지금 그 무엇보다도 우리에게 필요한 것은 말씀의 성육신이다. 우리는 '성육신한 말씀'이 되어야 하며, 어디를 가든지 우리가 믿는 교리에 육신을 입혀야 한다. 만일 그런 일이 일어난다면, 기독교 사역과 증언이 이 세대에 전례 없이 폭발적으로 증가할 것이다.

하나님께서 우리에게 엘리야를 주신 것은 자신의 믿음에 육신을 입힌 사람을 보여주시기 위함이다. 엘리야는 자기가 믿는 것과 분리될 수 없는 사람이었다.

어떤 사람들은 그들이 믿는 것과 그들 자신이 너무 분리가 잘 된다. 주일 밤에 집으로 돌아와 '신앙'을 벗어서 옷장에 걸어두고, 그다음 주일 아침까지 그 옷을 다시 입지 않는다. 그러나 엘리야는 그가 믿는 것과 분리될 수 없는 사람이었다. 우리가 그를 어느 방향에서 보든지 그의 신앙이 보인다. 왜냐하면 그는 처음부터 끝까지 믿음의 사람이었기 때문이다.

내가 볼 때, 일부 설교자들이 아무 결실을 보지 못하는 이유는 자기방어의 빗장을 아주 조금만 풀어놓기 때문이다. 그들은 언제나 자기방어에 급급하다. 그러나 거북이도 어디로든지 가려면 머리를 내밀어야 한다. 계속 목을 내밀지 않고 있으면 멍청한 모습으로 그 자리에 엎드려 있을 뿐이다. 그러나 목을 내밀면 즉시 다리와 꼬리가 나오면서 앞으로 이동할 수 있게 된다.

엘리야는 목을 앞으로 내미는 것을 두려워한 사람이 아니었다. 만일 내가 그의 시대에 살았다면 그를 만나고 싶어 했을 것이다. 사실 나는 장차 그를 만나기를 바란다. 장차 그를 만나면, 그가 성경에 기록된 거친 모습으로 나타나지 않을 것이라고 나는 믿는다. 과거에 입었던 옷을 입지 않고 다른 옷을 입고 나타날 것이다. 그에게 다가가는 것이 과거보다 훨씬 더 쉬울 것이다.

과거의 모든 선지자, 특히 엘리야를 볼 때 우리는 그들이 함께 지내기에 힘들 거라고 생각한다. 엘리야는 하나님을 믿는 믿음 때문에 많은 희생을 감수한 사람이었다. 그가 한 일은 일주일에 한 번 교회에 가고 가끔 기부금을 내는 것이 아니었다. 그는 자기 시대의 통속적 세상 즉 이세벨, 아합, 바알 그리고 그들이 상징하는 것들이 판치는 세상에 대한 깊은 반감을 가지고 있었다. 그의 신앙은 그런 세상에 대한 깊고 근원적이고 진지하고 반역적인 반감을 특징으로 했다. 왜냐하면 그가 사악한 왕에 맞서 싸웠기 때문이다. 그는 하나님으로부터 세상에 맞서라는 명령을 받았고, 실제로 세상에 홀로 맞섰다. 그는 "오직 나만, 오직 나만"이라고 외치지 않을 수 없었다.

그러나 엘리야의 믿음은 엄청난 심리적 압박 속에서도 사라지지 않았다. 하나님을 섬기는 사람은 고독이라는 심리적 압박에 시달릴 수 있다. 엘리야 말고도 많은 선지자들이 있었지만, 그들은 침묵했다. 심지어 그들이 있다는 것을 아무도 알지 못했다. 이것이야말로 참으로 끔찍한 일이다.

위대한 하나님의 사람의 능력은 어디에서 나왔는가? 그는 하나님과 함께 있었고 또 그분 앞에 섰다. 그의 믿음은 삶 속에서 시험의 불 속에 던져졌다. 종교적 부패에 맞서 분연히 일어설 수 있는 용기가 그에게 있었다. 이런 것들이 그를 위대한 사람으로 만들어주었지만, 그렇게 되기 위해서는 고통스러운 연단을 통과해야 했다.

현재 우리는 기독교에 치장을 해놓고 돌아다니면서 사람들에게는 "기독교는 정말 편한 것입니다"라고 말한다. 우리는 사람들을 모아놓고 이렇게 말한다. "이제까지 여러분은 잘못 생각해 왔습니다. 예수님은 여러분에게 아무 부담도 주지 않으실 것입니다. 오히려 여러분의 짐을 벗겨주실 것입니다. 여러분이 어려움에 빠지도록 내버려두지 않고 어려움에서 건져주실 것입니다. 주님을 섬기는 것은 이 세상에서 가장 쉽고 편하고 살살 녹는 것입니다. 기독교 신앙을 가지면 아주 좋은 시간을 보내며 행복하고, 행복하고, 또 행복하게 살다가 죽어서 천국에 가게 됩니다." 이것은 그리스도인이 된다는 것이 무엇인지에 대한 왜곡된 개념인데, 이렇게 믿는 이들이 많다.

때로는 굴욕을 감수해야 한다

만일 엘리야의 용기가 우리에게 있다면 우리는 사람들에게 이렇게 말하게 될 것이다. "당신이 예수님을 따른다면 그분의 원수가 당신의 원수가 될 것입니다. 그분을 따른다면 그분이 겪었던 어려움이 당신의 어려움이 될 것입니다. 그분을 따른다면 그분처럼 버림받을 것입니다. 그분을 따른다면 사람들은 그분께 보냈던 눈총을 당신에게도 보낼 것입니다. 사람들이 그분을 어떻게 생각했는지 알려면, 예루살렘 밖 언덕에서 일어난 일을 보십시오. 그들은 그분을 그곳으로 끌어내 십자가에 못 박았습니다."

엘리야는 이 모든 것을 알았다. 그는 하나님을 알았기 때문에 혹독한 대가를 치러야 했다. 그는 개인적 굴욕을 받아들이지 않으면 안 되었다.

가뭄이 닥쳤을 때 엘리야가 작은 시냇가로 내려가 아침에 새가 가져다주는 음식을 먹고 시냇물을 마셔야 했다는 것을 기억하라. 그것이 독립적인 인생을 살아온 엘리야에게, 험한 길르앗 산지 출신 디셉 사람 엘리야에게 얼마나 굴욕적인 일이었을까! 그는 시냇가에 앉아 까마귀가 떡을 가져오는 것을 지켜보는 신세로 변해 있었다.

그런데 하나님의 예언이 실현되기 시작했다. 비가 오지 않았고, 이내 시냇물마저 말라버렸다. 그 시점에서 보면, 엘리야는 어리석기 짝이 없는 실패자로 보였을 것이다. 나는 마귀가 찾아와 그를 괴롭혔으리라 상상하게 된다. 비가 오지 않고 시냇물이 말라버려 엘리야가 굶주리고 목마르게 되었을 때 여호와께서는 그에게 오시어 "여호와의 말씀이 엘리야에게 임하여 이르시되 너는 일어나 시돈에 속한 사르밧으로 가서 거기 머물라 내가 그곳 과부에게 명령하여 네게 음식을 주게 하였느니라"(왕상 17:8-9)라고 말씀하셨다. 설상가상이었다. 까마귀에게 음식을 얻어먹는 것도 비참한 일인데, 이제 과부에게까지 음식을 얻어먹어야 하는 지경에 이르렀다! 그런 일이 일어난 것은 엘리야라는 사람을 겸손하게 만들기 위함이었다.

엘리야라는 하나님의 사람은 역사의 한 페이지를 장식하고 있다. 그는 사람들에게 무례하게 이래라저래라 하지 않았다. 다만 싸워야 할 것을 위해서 싸웠다. 지금 하나님은 우리에게 말씀하신다. "네가 볼 수 있도록 내가 저기에 그를 세워놓았다. 그를 보고 그보다 더 좋은 여자가 되어라. 그를 보고 그보다 더 좋은 남자가 되어라. 그를 보고 그보다 더 겸손한 사람이 되어라. 그를 보고 나에게 영광을 돌려라. 왜냐하면 엘리야의 하나님이 오늘도 살아 계시기 때문이다."

주님은 엘리야의 목소리를 들으셨다. 왜 그분이 엘리야의 목소리를 들으셨는가? 그것은 엘리야가 그분의 음성을 들으려고 했기 때문이다. 하나님께서 당신의 음성을 들어주시기를 바란다면, 먼저 당신이 그분의 음성을 들어야 한다.

그러나 하나님의 음성을 듣고자 하는 마음이 없는 당신이 어려움에 처했을 때 그분이 당신의 부르짖음을 들어주시기를 바라며 하늘을 향해 부르짖으면 어떻게 될까? 그분은 당신이 원하는 대로 일하시지 않을 것이다! 그분이 당신에게 귀를 기울이시기를 원한다면, 먼저 그분께 귀를 기울여라. 그분이 엘리야의 기도를 들어주신 것은 그가 그분의 음성을 들었기 때문이다. 그분이 그가 구한 대로 행하신 것은 그가 그분의 말씀대로 행하였기 때문이다.

의로운 사람들의 영혼이 하나님의 손안에 있기 때문에 그들에게 악한 일이 일어날 수 없다. 온 세상의 온갖 매력도 엘리야의 마음을 빼앗을 수 없었다. 여기서 우리는 엘리야의 능력의 비결을 보게 되며, 오늘날 우리 주변의 세상을 이길 수 있는 능력의 비결이 무엇인지를 배우게 된다.

엘리야의 겉옷을 입어라

엘리야의 겉옷을 물려받으려는 자는 누구인가? 누가 그의 능력을 물려받겠다고 나설 수 있는가? 엘리야처럼 하나님 앞에 설 수 있는 믿음을 얻겠다고 감히 나서는 사람은 누구인가?

우선 겁쟁이는 탈락이다. 겁쟁이는 엘리야 같은 일을 할 수 없다. 자기를 사랑하는 사람, 죄를 사랑하는 사람, 세상을 사랑하는 사람도 탈락이다. 이런 사람들은 엘리야 같은 일을 할 수 없다. 두려움을 모르는 사람만이 그런 일을 위한 후보자가 되어야 한다. 충성스러운 자만이 지원할 수 있다.

그런데 우리 주 예수 그리스도를 통해 지원할 수 있다! 왜냐하면 이 모든 것이 십자가의 그늘 아래에서 이루어졌기 때문이다. 엘리야는 미래의 십자가를 내다보았고 우리는 과거의 십자가를 되돌아보지만, 그 십자가는 동일한 십자가이다. 엘리야는 장차 오실 그리스도의 능력 안에서 살았고, 우리는 이미 오신 그리스도의 능력 안에서 살지만, 그리스도는 동일한 그리스도이시다.

하나님의 음성을 듣겠다는 마음이 어떤 사람에게 있으면, 하나님께서 그 사람의 음성을 들어주실 것이다. 자신의 영적 체험이 삶 속에서 불의 시험에 던져지는 것을 받아들일 수 있는 사람이 있다면, 그런 사람은 필요한 경우에 분연히 일어나 세상에 맞설 것이다. 하나님은 그런 사람에게 복을 주실 것이다. 그를 가까이 두고 돌보아주고 사랑하고 보호하고 복을 주실 것이다. 오직 은혜와 자비 가운데 그렇게 해주시지만, 거기에는 믿음과 순종이라는 단서가 붙는다.

우리가 물러지고 약해졌는가? 사람들이 엘리야나 엘리사 같은 사람들을 이해하지 못하는 곳에서 하나님의 메시지가 선포되는가? 하나님은 엘리야를 위해 행하신 것을 우리를 위해서도 행하실 것이다. 영적 능력과 복과 따스함과 성실함과 친근함과 은혜를 통해서 그렇게 하실 것이다.

사랑하는 하나님! 엘리야의 하나님! 오늘날 우리의 하나님! 마귀의 간계와 세상의 길에 맞설 수 있도록, 우리가 당신의 존전(尊前)에 담대히 서게 하소서. 우리 주 예수 그리스도의 이름으로 기도하나이다. 아멘.

chapter
08

선지자의
참된 도전

너희는 너희 신의 이름을 부르라 나는 여호와의 이름을 부르리니 이에 불로 응답하는 신 그가 하나님이니라 백성이 다 대답하되 그 말이 옳도다 하니라 _왕상 18:24

내게 있어서 이제까지 잘 이해되지 않는 것이 딱 하나 있다. 올바른 종교를 가진 사람들은 어찌하여 종종 그것을 믿지 않는가? 반면, 완전히 엉망이고 거짓되고 가련하고 저급한 종교를 가진 자들은 또 어찌하여 그토록 열심히 믿는가? 엘리야는 바로 이런 문제에 도전했다.

이스라엘 민족은 참된 종교를 갖고 있었지만, 거의 믿지 않았다. 그런데 이스라엘 민족은 바알 숭배라는 또 다른 종교도 갖고 있었다. 아합과 이세벨이 바로 바알 숭배자였다.

아합은 이스라엘의 왕이었다. 좋은 왕은 아니었지만 그래도 어쨌든 당시 왕의 자리에 앉아 있었다. 그는 유대인이었기 때문에 당연히 여호와를 경배하는 자가 되어야 했지만, 사실상 그는 이름만 유대인이었다. 그의 아내 이세벨은 열렬한 바알 숭배자였고 아합의 집을 주무르는 자였다.

바알 숭배에 빠진 자들은 머지않아 처음보다 더 나쁜 상태에 빠질 수밖에 없었다. 왜냐하면 바알 숭배의 저질성 때문이었다. 바알 숭배는 잔인하고 부도덕한 의식(儀式)을 거행했다.

당시 이스라엘 백성은 도덕적 딜레마에 빠져 있었다. 이스라엘 왕가 아합은 유대인이었고, 그의 아내 이세벨은 바알 숭배자였다. 아합은 적어도 명목상으로 여호와 경배에 충실했고, 이세벨은 바알 숭배에 매우 적극적이었다. 그러니 이스라엘이 딜레마에 빠질 수밖에 없었다.

다른 나라에는 없는 하나님의 계시, 즉 이스라엘 민족에게는 성경이 있었다. 게다가 이스라엘의 역사 속에 나타났던 선한 믿음의 위인들의 모범도 그들에게 있었다.

나는 음악을 한 줄도 쓸 수 없고 멋진 가락으로 노래를 부를 수도 없지만, 귀가 아플 때까지 음악을 들을 수 있는 능력은 있다. 그렇기 때문에 우리보다 훨씬 훌륭한 사람들을 제대로 알아보고 높이 평가하는 것은 얼마든지 가능한 일이다. 이것이 성경을 꾸준히 읽으며 거룩한 사람들과 더불어 교감을 나누는 이유이다.

나는 그들만큼 선한 사람은 못 된다. 하지만 그들과 교감을 나누면 그들이 훌륭한 신앙인이라는 것을 느낀다. 그들의 믿음이 일종의 영적 삼투(滲透) 현상에 의해 내 마음속으로 조금씩 스며들어오기 때문에 나는 그들과의 영적 교감을 통해 조금 더 나은 신앙인으로 성숙하게 된다.

이스라엘은 무엇이 옳은지를 알았다. 그들의 마음속의 깊은 지식을 통해서 알았을 뿐만 아니라 성령이라는 내적 음성과 성경의 교훈과 선한 사람들의 모범을 통해서도 알았다.

이스라엘은 무엇이 옳은지를 알았고, 누구를 경배해야 할지를 알았고, 어떻게 살아야 할지를 알았지만 그들의 대중적 선택은 그들이 아는 것과는 정반대로 나타났다. 온 이스라엘은 약하고 겁이 많았기 때문에 하나님께 순종할 수 없었고 당시의 유행을 따르는 것이 더 편하다고 생각했다. 결국 그들은 이세벨의 바알 숭배를 따랐다.

참 종교인가, 유행하는 종교인가?

모든 이들은 스스로 묻고 판단을 내려야 한다. 나의 사역이 하나님에게서 나온 것인가? 나의 사역에 그분이 함께하시는가? 성경은 진리인가? 지옥은 지옥이고 천국은 천국인가? 나는 단지 유행을 따르면서 다른 이들처럼 살아가고 있는 것은 아닌가? 이런 문제들에 대해 마음을 정해야 한다.

과거 이스라엘도 마음을 정해야 했다. 그들이 당면한 문제는 바알을 섬길 것인가 아니면 여호와를 섬길 것인가 하는 것이었다. 엘리야는 그들에게 이렇게 도전했다. "너희가 어느 때까지 둘 사이에서 머뭇머뭇하려느냐 여호와가 만일 하나님이면 그를 따르고 바알이 만일 하나님이면 그를 따를지니라"(왕상 18:21).

"너희가 어느 때까지 둘 사이에서 머뭇머뭇하려느냐"라는 말을 원어로 읽으면, "너희가 어느 때까지 길이가 다른 두 다리로 깡충깡충 뛰어가려느냐"라는 뜻이 된다. 목요일에 그들은 여호와와 함께 긴 다리로 서서 강해졌다가, 금요일에는 바알이라는 짧은 다리로 서서 약해졌고, 다시 토요일에는 여호와라는 긴 다리로 서서 강해졌다. 그들은 가운데 있는 회색지대를 걸어가려고 했지만, 한쪽 다리가 다른 다리보다 짧았다.

그들의 길은 바알의 길이었다. 어차피 당시의 종교는 바알 종교였다. 사랑, 인류의 연합, 세상의 형제애 같은 말을 입으로 말하기만 하면 더 이상 아무것도 하지 않아도 아무 문제 없는 것이 종교 아닌가? 좋은 말을 하고 매우 경건하게 들리는 말을 하면서 살아가면, 무슨 짓을 해도 거의 문제가 안 된다. 무엇이든 다 할 수 있다. 도덕, 의, 경건 같은 것은 없어도 된다. 결국 "우리 모두는 동일한 곳으로 가고 있다. 그곳에 이르는 길이 서로 다를 뿐이다"라고 말할 수 있다면, 당신은 아무렇게나 살아도 된다. 이런 말이 매우 영적으로 들리지만, 사실은 이세벨의 사악한 속삭임이다.

이세벨은 바알에 대해 긍정적으로 말할 수 있는 것이 있다고 주장했다. 바알 숭배자들은 바알 숭배를 위해 진탕 먹고 마시며 노는 음란한 모임과 사악한 의식을 행하면서도 전혀 거리낌이 없었다. 그들의 사고방식으로는 그것이 전혀 문제가 되지 않았다.

바알이 주는 것이 무엇이었는가? 세상은 무엇을 주는가? 얄팍하기 짝이 없는 종교계가 주는 것은 무엇인가? 그것들은 관습적인 즐거움을 주고 현실에 순응하는 것을 가르친다. "현실에 순응하면서 대중과 발맞추어 걸어라"라고 말한다. 그러나 여호와께서는 힘들지만 선한 길을 걸으라고 우리에게 명하신다. 그 길을 가려면 이 땅에서 대가를 치러야 한다. 그러나 그 끝에는 영원한 보상이 기다리고 있다.

바알은 무엇을 주겠다고 하는가? 우리가 세상에 굴복할 때 세상이 주는 것은 무엇인가? 세상은 당신께 줄 것이 많다고 속삭이지만, 재앙이 닥치면 세상은 무력하기 짝이 없다! 제대로 죽는 법을 아는 사람은 오직 그리스도인뿐이다. 모든 사람이 죽어야 하지만, 오직 그리스도인만이 위엄 있게 죽을 수 있다. 오직 그리스도인만이 마음의 평안을 갖고 죽을 수 있다. 세상은 문제 해결을 위한 답이 자신에게 있다고 믿게 만들려고 하지만, 사실 세상은 답을 갖고 있지 않다.

세상은 겉치장한 가면이다. 그 가면을 벗기면 이리저리 종종걸음 치는 남자들과 여자들의 얼굴에 가득한 두려움이 드러난다. 그들에게는 오락거리, 재미있는 것, 술, 마약, 음란한 춤 같은 것들이 있어야 한다. 왜냐하면 그렇지 않을 경우, 어둠 속의 아이처럼 공포의 비명을 지르게 되기 때문이다. 자기가 두려움에 떤다는 것을 감추기 위해 그들은 자기 돈을 써 가면서 먹고 마시고 떠들며 놀고 또 그것을 재미있다고 말한다.

하나님은 영적 병사, 즉 선하고 냉철한 병사가 되라고 당신을 부르신다. 내가 도저히 이해하지 못하는 것이 있다. 왜 목사들은 사람들을 교회로 불러들이려면 그들의 등을 두드려주거나 머리를 쓰다듬어주어야 한다고 느끼는가? 복음에 물을 타고 편집하고 살짝 바꾸고 수정하고 축소해야 한다고 느끼는 목사들이 왜 그렇게 많은가?

그렇게 하면 복음은 제 기능을 못한다! 축소된 복음은 한 영혼도 구원하지 못했다. 축소되고 희석되고 편집된 종교는 그리스도께서 죽음을 통해 만들려고 하셨던 종교가 아니다. 동행의 도움을 받아 험한 곳을 통과해야 했던 약골들이 천국을 가득 메우고 있지는 않을 것이다. 천국을 가득 메우고 있는 사람들은 병사, 순교자, 꿈꾸는 자, 선지자이다. 자기의 하나님과 자기의 세대를 사랑하면서, 힘들지만 선한 삶을 살다가 아름답게 죽은 깨끗한 자들도 그곳에서 발견될 것이다.

우리는 마음을 정해야 한다. 세상이 가는 길로 갈 것인가? 물론 죄가 즐거움을 주는 것은 사실이지만, 당신은 그것을 끊어버려야 한다. 그것을 버리고 여호와를 따라야 한다. 국가가 더 악해질수록, 사회의 상태가 더 나빠질수록, 그것을 끊는 것이 더 힘들어지기 때문에 더 많은 대가를 치르고 끊어야 한다.

물론 세상이 주는 것이 있기는 하다. 당신이 주 예수 그리스도를 따르기를 원하지 않는다면, 바알이 하나님이라면 그를 따르라. 그러나 주 예수 그리스도가 하나님이시라면 그분을 따르라. 분명한 것은 당신이 마음을 정해야 한다는 것이다. 뜨겁지도 않고 차지도 않은 상태에서 회색지대에 머물려고 하지 말라.

세상이 주겠다고 하는 것

세상이 줄 수 있는 것이 무엇일까? 몇 가지만 생각해보자.

연예오락

세상은 재미있는 것을 주겠다고 하면서 우리를 유혹한다. 당신이 건강하고 그것을 즐길 수 있다면 그것 때문에 나름대로 재미있을 것이다. 여가를 가질 수 있는 경제적 능력이 있다면 재미있게 즐길 수 있다. 자본주의가 이 나라에서 우리에게 해준 것 한 가지는 재미있는 것을 즐길 수 있는 시간적 여유이다. 보통 사람도 짧은 시간을 일하면 잠시 재미있는 시간을 가질 수 있다. 그는 나중에 즐거운 시간을 가질 수 있을 만한 봉급을 받을 수 있다면, 힘든 일도 마다하지 않는다. 결론적으로 말해서, 당신이 재미를 원하면 세상은 당신에게 그것을 줄 수 있다.

그러나 그 재미가 다 끝난 후에는 무엇이 있는가? 여호와가 하나님이시라면, 그것이 사실이라면, 예수님이 "누구든지 나를 따라오려거든 자기를 부인하고 자기 십자가를 지고 나를 따를 것이니라"(마 16:24)라고 말씀하셨다면, 장차 심판이 있을 것이라면, 하나님께서 각 사람의 생각과 행위에 따라 그들의 마음을 심판하실 것이라면, 세상이 당신에게 준 것이 무슨 의미가 있겠는가?

당신은 이미 재미를 보았다. 이제는 약을 먹어야 할 시간이다. 누군가 당신을 잘못된 길로 인도한다면, 이것을 기억하라. 당신이 어려움에 빠져 그의 도움을 원할 때 그는 당신에게 도움이 못 될 것이다!

재물

세상이 당신에게 줄 수 있는 또 다른 것은 재물이다. 당신은 재물을 쌓을 수 있다. 우리가 사는 이 지역에서 우리는 부자이다. 재물을 산만큼 높이 쌓았다. 그런데 당신은 발걸음을 멈추고 생각해보았는가? 당신이 재물에서 건짐 받지 못하면 재물이 저주의 원인이 된다는 것을! 만일 재물에서 건짐을 받았다면, 그것이 있다가 없어져도 아무 문제가 없을 것이다.

일시적 성공

세상은 또한 지위와 명성을 줄 수 있다. 우리 중 대부분의 사람은 명성을 얻지 못하고 살아간다. 우리 같은 사람의 이름이 신문에 실리는 경우는 부고란(訃告欄)에 실릴 정도이다. 세상이 지위와 명성을 줄 수 있지만, 그것은 지금 일어나고 있는 일들만큼이나 일시적인 것들이다.

성공은 세상이 줄 수 있는 또 다른 것이다. 세상은 성공한 사람들로 가득 차 있지만, 새롭게 출현하는 성공한 사람을 수용할 수 있는 공간은 얼마든지 있다. 세상의 관점에서 보자면, 성공에는 달러(dollar)라는 지표(指標)가 따라다닌다. 즉, 돈을 많이 가지면 가질수록 그만큼 더 성공한 것으로 간주한다. 나는 성공한 사람들을 만나보았지만, 진정으로 행복해하는 사람은 거의 보지 못했다. 그들은 그들의 성공을 잃어버릴까 봐 불안해한다.

세상이 당신에게 지위, 명성, 재미, 연예오락 그리고 그 밖에 모든 것을 줄 수 있지만, 마지막 순간에 당신을 위해 무엇을 해줄 수 있을까?

하나님께서 그분을 따르는 사람들에게 주실 수 있는 것

당신이 죄 사함을 얻기 원해도, 그것을 줄 수 있는 경기장은 이 세상에 없다. 세상의 어떤 극장도 죄 사함을 줄 수 없다. 이 대륙에 있는 어느 술집도 그것을 줄 수 없다. 당신의 속이 깨끗해지기를 원해도, 이 세상 어디에서도 그렇게 해주지 못한다.

죄 사함

세상은 재미를 줄 수 있지만, 당신의 속을 깨끗하게 해주지는 못한다. 우리가 그토록 원하는 내면의 정결을 줄 수 있는 것은 오직 주 예수 그리스도의 피뿐이다.

당신의 삶을 올바른 방향으로 이끌어줄 수 있는 능력은 세상이 줄 수 없다. 당신을 인도하여 끝까지 이끌어줄 수 있는 자를 원한다 해도, 바알은 그런 존재가 못 된다. 세상도 그렇게 못 해준다. 바알은 토요일 밤에 떠들썩하게 먹고 마시도록 해주지만, 일요일 아침에는 무거운 숙취의 고통만을 안겨준다.

삶을 이끌어주는 도움과 조언

참 종교의 힘은 우리의 길을 인도해줄 수 있는 능력에서 나타난다. 지금은 상담의 시대이다. 모든 이들이 상담을 받고 있다. 하지만 진정한 상담사는 성경에 나온다. "그의 이름은 … 모사(counselor)라 … 할 것임이라"(사 9:6). 지혜를 갖고 계신 분은 바알이 아니고 하나님이시다.

엘리야는 바알 선지자들에게 도전했다. 참 종교가 거짓 종교에게 도전한 것이었다. 다른 모든 이들이 뒤편으로 사라져 갈 때 그는 분연히 일어나 거짓 종교에 맞섰다. 딱 한 사람, 즉 엘리야가 바알의 세상에 맞선 것이다! 거짓 종교에 도전하는 것이 하나님의 선지자가 해야 할 일이다.

하나님의 사람은 무릎 꿇어서는 안 된다. 엘리야 앞에 놓인 거룩한 싸움은 여호와의 참 종교에 전적으로 헌신하는 것이었다. 엘리야는 하나님이 누구신지를 알았다. 그가 기도할 때 하나님이 응답하셨다. 바알 선지자들은 온종일 기도하며 자기 몸을 상하게 하였지만 아무 일도 일어나지 않았다. 그러나 하나님 앞에서 자신의 위치가 어떤 것인지 알았던 엘리야는 그들을 놀리며 조롱했고, 그의 조롱에 분노한 그들은 바알의 응답을 받아내기 위해 더욱 광분했다.

바알 선지자들이 완전히 지쳤을 때 엘리야가 그의 일을 시작했다. 그가 드린 기도는 당신이 30초 만에 읽을 수 있는 짧은 기도였지만, 그의 기도의 응답으로 불이 떨어졌다. 하나님은 그의 믿음을 확증해주셨고, 그의 순종을 인정해주셨다.

하나님은 엘리야에게 해주셨던 것을 오늘날 우리에게도 해주기를 원하신다. 엘리야의 겉옷을 물려받고 세상의 모든 바알 선지자들에게 도전하여 하나님의 큰 능력을 세상에 보여주자.

오, 그리스도시여! 우리와 함께 계신 하나님, 임마누엘, 말씀이 육체가 되어 우리 가운데 거하신 분, 부활하여 지금 우리와 함께 계신 분이시여! 우리가 우리의 십자가를 지고 바알에게 등을 돌릴 수 있도록, 바알이 상징하는 모든 것들에 맞설 수 있도록 우리에게 힘을 주소서. 우리가 지금 이 시간에 마음을 정할 수 있도록 도우시고, 그리스도가 우리의 하나님이 되게 하소서. 아멘.

PART
03

우리를 선지자로 부르신 하나님

chapter
09

엘리야의 하나님은
어디 계시는가?

엘리야의 몸에서 떨어진 그의 겉옷을 가지고 물을 치며 이르되 엘리야의 하나님 여호와는 어디 계시니이까 하고 그도 물을 치매 물이 이리저리 갈라지고 엘리사가 건너니라 _왕하 2:14

현재 교회는 망령이 난 상태에 있다. 솔직히 말해서, 이런 말을 하는 내가 너무 싫다. 나도 달콤한 것, 라일락꽃 그리고 고풍스러운 레이스 같은 것들에 대해 얘기할 수 있으면 좋겠다. 하지만 나는 목전의 상황보다 하나님의 말씀의 진리를 앞세우지 않으면 안 된다.

노쇠한 교회

망령의 특징 중 몇 가지에 대해 생각해보자.

유연성의 상실

망령의 첫 번째 증상은 뻣뻣해지는 것이다. 중년쯤 되면 바닥에 무엇이 떨어졌을 때 재빨리 몸을 굽혀 그것을 주워 올릴 수 있는 능력이 사라진다. 과거처럼 몸을 재빨리 늘릴 수 없게 되는 것이다. 과거의 유연성이 사라지면서 몸을 직선으로 움직이게 된다. 그런데 뻣뻣함은 우리의 사고 속으로도 들어온다. 생각도 직선으로 움직이기 때문에 새로운 것을 생각해내는 것이 너무 힘들어진다.

새 교회는 새로운 것들을 쉽게 생각해 내지만, 묵은 교회는 전에 해보지 않았던 것을 하려면 아주 힘들어한다. 묵은 교회는 쓸데없는 일에 돈을 많이 들이는 짓을 25년째 한다. 그런데도 그것을 문제 삼는 사람이 하나도 없다. 그들은 뻣뻣해진 것이다. 그런 뻣뻣함이 노쇠의 징후이다.

말만 하고 행동은 없다

노령의 또 다른 징후는 말을 많이 하는 경향, 즉 다변(多辯)

이다. 교회도 늙어갈수록 그만큼 말을 더 많이 한다. 흔히 사람들은 "아주 오래 얘기를 나누면 모든 것이 치유되고 모든 문제가 풀린다. 무언가 잘못되었다면 만나서 실컷 얘기하라"라고 말한다. 그러나 만나서 말 잔치를 벌이고 모두가 집으로 돌아간 후 남는 것이 무엇인가? 그들이 쏟아낸 말밖에는 아무것도 남지 않는다. 해결된 것은 없다!

움직임의 사라짐 그리고 연약함

약해지는 것이 망령의 또 다른 특징이다. 늙어갈수록 약해진다. 나는 83세의 할머니께서 천천히 걸으며 지팡이를 사용하셨던 것을 기억한다. 교회에 나타나고 있는 연약함은 우리가 교회의 고령화 시대에 살고 있다는 것을 말해준다. 현재의 교회는 여기저기 돌아다니는 데 어려움을 겪는다. 설령 그럭저럭 돌아다닌다 해도, 지팡이 같은 도구의 도움을 받으며 천천히 다녀야 한다. 활동이 현저히 줄어드는 것 또한 노쇠의 또 다른 특징이다. 최대한 활동을 줄이고 그 대신 말로 때우려고 한다.

과거에 집착한다

망령의 징후 중 가장 나쁜 것은 과거에 집착하는 것이다.

방금 얘기한 세 가지는 피할 수 없더라도 우리가 과거에 집착하는 것만큼은 피할 수 있다.

많은 교회들의 경우, 교회를 힘들게 하는 교인들은 과거에 좋은 시절을 경험해본 사람들이다. 그들은 과거 전성기에 도취하여 깨어나지 못한다. 그들은 과거의 향수에 사로잡혀 "당신이 아무개의 설교를 들었어야 했어"라고 말한다. 이런 말을 들은 설교자는 별짓을 다해도 그들에게 도움을 줄 수 없다.

과거에 집착한다는 것은 과거만을 바라본다는 것이다. 만일 주님께서 당신이 과거만 보기를 원하셨다면 당신의 뒤통수에 눈을 만들어주셨을 것이다. 애석하게도 지금 그리스도의 교회는 과거에 집착하면서 살아가고 있다.

우리는 우리가 '황금기'라고 부르는 시절, 즉 거인들이 땅 위를 걸어 다녔던 시절에 시선을 고정시킨다. 그리고 우리는 성경에 나오는 믿음의 영웅 중 일부에 비하면 난쟁이처럼 보인다. 그들과 우리가 너무 차이 나기 때문에 우리는 "우리가 도대체 그리스도인이 맞나?" 하는 의문에 사로잡히기도 한다. 그들은 하나님을 보았지만, 우리는 '반사된 하나님' 또는 '하나님의 그림'을 보는 것 같다. 그들은 천국의 산에서 흘러 내려오는 정결한 물을 마셨지만, 우리는 신선함이 사라진 병에든 물을 마신다. 그들은 음악을 들었지만, 우리는 그것의 메아리만을 들을 뿐이다.

그런데 문제는 우리가 과거로 돌아갈 수 없다는 것이다. 아무도 "과거로 돌아가면 얼마나 좋을까!"라고 말하지 못하게 하라. 그렇게 말하도록 내버려둔다면, 그것은 당신 자신에게 족쇄를 채우는 것이고, 50킬로그램짜리 쇳덩이와 쇠사슬을 당신의 다리에 매다는 것이다. 이제까지 나는 "과거로 돌아갔으면 좋겠다!"라는 어리석은 생각을 해본 적이 없다. 나는 5분 전으로 돌아갈 수 있다 해도 절대 돌아가지 않을 것이다. 과거로 돌아가봤자 내게 아무 도움도 안 된다.

예수님께서 이 땅에서 사람들과 함께 계셨던 그 옛날의 아름다운 이야기를 읽을 때 내 머리에는 "내가 그때 살았더라면 그분과 함께 있기를 간절히 바랐을 것이다"라는 생각이 스친다. 하지만 다시 생각해보면, 그 당시로 돌아가고 싶은 마음이 싹 달아난다. 예수님이 아이들의 머리에 손을 얹어주시던 그 시절에 살기보다 나는 차라리 현대를 살아가겠다.

존 웨슬리(John Wesley), 찰스 피니(Charles Finney) 또는 D. L. 무디(D. L. Moody)의 시대로 돌아갈 수 있다 해도 나는 그렇게 하지 않을 것이다. 우리가 이 시대를 선용할 줄 안다면, 이 시대는 우리의 것이다. 우리는 위대한 랄프 왈도 에머슨(Ralph Waldo Emerson, 1803-1882. 미국의 사상가 및 시인) 같은 불신자 철학자들에게도 배울 것은 배워야 한다. 그는 "우리가 선용할 줄만 안다면, 이 시대도 다른 모든 시대들과 마찬가지로 좋은 시대이다"라고 말했다. 내가 볼 때, 그에게는 우리 그리스도인들에게 없는 깨달음이 있었다.

우리는 과거를 그리워하며 훌쩍거린다. 그러나 과거라는 것도 그렇게 좋기만 했던 것은 아니다. 대개 우리 귀에 들리는 것은 과거의 좋은 면들이다. 과거에 대한 책을 읽으면 대개 과거의 좋은 일들이 적혀 있다. 과거에 일어났던 아주 나쁜 것들을 말해주는 책은 거의 없다.

요단강에 서 있는 교회

지금 우리는 새 시대를 살아가고 있다. 그런 우리가 과거에 있었을지도 모르는 어떤 영광을 어떤 인위적인 방법을 통해 생각해내는 것은 불가능하다. 당신의 교회에 성경적 이름을 붙인다 해도 성경의 영광이 다시 찾아오는 것은 아니다. 중요한 것은 내적(內的) 빛이었다. 어차피 하나님은 껍데기를 보시지 않았다. 우리는 내적 능력을 가질 수 있다. 하나님이 누군가를 위해 어떤 것을 행하셨다면, 그분은 다른 누군가를 위해서도 그것을 또 행하실 수 있다. 그분은 엘리야나 아브라함에게 주셨던 복을 지금 우리에게도 얼마든지 주실 수 있다.

엘리사가 그의 요단강에 섰듯이 지금 우리는 우리의 요단강에 서 있다. 우리의 요단강은 엘리사의 요단강과 다르다. 각 세대에게는 그들 특유의 요단강이 있다. 누구의 요단강이든 간에 그것은 호락호락하지 않고, 진흙투성이고, 물살이 거세고, 유속이 빠르다. 갈라지려고 하지 않는다. 그런데 엘리사는 그것을 갈랐다!

우리는 우리가 건너가야 할 요단강을 향해 전진해야 한다. 여기저기서 부흥이 일어나야 한다. 기도회에 더 많은 사람이 나와야 한다. 교회에서 세속적인 것이 계속 사라져야 한다. 경건과 경배가 더 늘어나야 한다. 즉 하나님이 더 임재하셔야 하고, 불이 더 커져야 한다.

오늘의 교회를 위한 영광의 빛이 비친다. 넘실대는 요단강이 우리 사이에 있으므로, 우리는 "엘리야의 하나님 여호와는 어디 계시니이까?"라고 말해야 한다.

엘리사는 요단강 강가에 있었다. 아마 그는 '엘리야가 함께 있다면 강물을 멈추게 해서 건너갈 수 있을 텐데'라고 생각했을 것이다. 엘리사는 엘리야의 하나님이 거기에 계시므로 그에게는 엘리야가 필요 없다는 것을 몰랐다. 그때와 마찬가지로 현재도 우리에게는 엘리야가 필요 없다.

하나님은 기적을 이루신다

우리가 던져야 할 질문은 "엘리야의 하나님 여호와는 어디 계시니이까?"가 아니라 "엘리야의 하나님 여호와는 누구시니이까?"이다. 하나님이 누구신지, 그분이 어떤 분이신지를 모른다면 당신의 믿음은 성장하지 못할 것이다.

엘리야의 하나님은 자신을 나타내시는 하나님이시다. 그분이 엘리야에게, 또 엘리야의 지도를 받은 백성에게 자신을 나타내셨다는 사실에 주목하라. 여호와 하나님께서는 언제나 창문을 두드리고 계셨는데, 그것은 사람들에게 다가가 자신을 나타내기를 원하셨기 때문이다. 그분은 불 가운데서 나타나셨지만, 양심의 세미한 소리를 통해서도 나타나셨다. 섭리를 통해서 또 기도를 통해서 나타나셨다. 그분은 우리가 현재 있는 곳에서 자신을 나타내실 준비를 하고 계신다.

종교는 마치 하나님이 실종이라도 되신 것처럼 사방을 돌아다니며 그분을 찾지만, 아무리 애써도 발견하지 못한다. 신학자들이 '토끼 다니는 길'을 아주 많이 만들어놓았지만, 그것들은 하나님의 분명한 임재로 우리를 이끌어주지 못한다.

그분이 나타나신다는 것은 그분 자신을 보여주시는 것이다. 그분은 자신을 가리고 있던 베일을 벗고 교회 위에 빛을 비추실 준비를 하고 계신다. 엘리야의 하나님은 자신을 나타내시는 하나님이시다.

그분은 기적을 행하시는 하나님이시다. 내 얘기를 할 것 같으면, 나는 기적을 행한다고 사기 치는 사람이 아니다. 나는 우리가 "오늘 밤 우리는 기적을 보게 될 것입니다"라고 광고해서는 안 된다고 믿는다. 하나님은 기적을 행하시지만, 우리가 그분께 이래라저래라 할 수는 없다. 그분은 필요성을 느끼실 때 기적을 행하신다.

기적은 하나님이 이루시는 사건이다. 기적은 자연 안에서 일어난다. 하지만 자연적 원인 때문에 일어나는 것은 아니다. 자연에 역행하지는 않지만 자연을 초월한다. 왜냐하면 기적의 원인이 하나님 안에 있기 때문이다.

기독교가 살아남으려면 하나님이 기적을 베풀어주셔야 한다. 초대교회 이후 지금까지 모든 나라에서 일어난 하나님의 복음의 진보가 기적이다. 교회의 역사를 읽어보면, 어떤 자연적 방법으로도 열릴 수 없는 문이 그분에 의해 열렸던 것을 보게 된다.

엘리야의 삶 전체가 기적이었다. 시냇물이 마를 때까지 까마귀가 그를 시냇가에서 먹인 것부터 시작해서 과부가 그를 먹이고 돌보아준 일, 그리고 거짓 선지자들과의 대결에 이르기까지 모두가 기적이었다. 그의 발걸음마다 모든 것이 기적이었다. 하나님이 엘리야와 함께 계셨다.

전능하신 성부 하나님은 하나님의 백성의 내면에 직접적으로 자신을 나타내시기도 하고, 아니면 기적과 회오리바람을 통해 자신을 나타내시기도 한다. 이 방법이든 저 방법이든 그분은 어떤 방법이든 사용하시어 우리에게 나타나신다.

하나님은 누구에게 나타나실까?

우리가 "엘리야의 하나님 여호와는 누구신가?"라고 물었다면, 그다음에 던져야 할 질문은 "엘리야의 하나님 여호와는 어디에 계신가?"라는 질문이다.

나는 그분이 매우 가까이 계신다고 말하고 싶다. 그분은 지금 여기에 계시면서, 우리가 어떤 조건들을 충족시키기를 기다리신다. 엘리야가 그 조건들을 충족시켰을 때 그에게 나타나셨던 하나님께서 지금 우리가 엘리야처럼 하기를 기다리고 계신다.

나는 이렇게 말하고 싶다. 하나님은 과거에 거기에 계셨던 것처럼 지금 여기에 계신다. 그분이 그때 행하셨던 것을 지금 다시 행하시는 것을 우리가 보지 못하도록 막을 수 있는 것은 전혀 없다. 엘리야의 하나님 여호와께서는 엘리야만큼 담대한 사람을 지금 여기서 기다리고 계신다.

두려움을 모르는 사람

엘리야는 두려움을 모르는 매우 담대한 사람이었다. 오늘날은 매우 위험한 시대이기 때문에 엘리야처럼 갈멜산의 승리를 거두려면 아주 큰 용기가 있어야 한다. 특출난 일을 이루려면 많은 용기가 필요하다. 반면 우리가 편히 살겠다고 사람들끼리 서로서로 잘 지내려고 한다면, 그것은 그렇게 어려운 일이 아니며 그것 때문에 어려움에 빠지지도 않는다. 하지만 그것은 언제나 우리를 약하게 만든다.

엘리야가 거짓 선지자들에 맞서 싸울 때 수백 명의 하나님의 선지자들이 동굴에 숨어 있었다. 오직 한 사람만이 거짓 종교에 대항해 분연히 일어났는데, 그것이 바로 엘리야였다.

만일 동굴에 숨어 있던 선지자들 모두가 엘리야의 마음을 가졌다면, 이스라엘을 뿌리까지 흔들어놓았을 것이다. 그들의 담대한 저항을 보고 이세벨은 공포에 질려 그녀에게 어울리는 시돈으로 도망했을 것이고, 아합 역시 어느 구멍으로 기어 들어가서 구멍을 막아버렸을 것이고, 하나님의 능력이 이스라엘 사람들의 눈앞에 홀연히 나타났을 것이다. 그러나 선지자들은 나가서 싸우지 못하고 동굴에 숨었다. 기억하라. 적에게 맞서려면 용기가 필요하다는 것을!

하나님은 지금까지 언제나 담대한 사람들을 사용하셨다. 지금 같은 시대에 하나님을 위해 일어서려면 큰 용기가 필요하다. 사람의 아들들 가운데서 하나님의 아들이 되려면, 세상의 시민들 중에서 천국의 시민이 되려면, 악한 세상에서 선한 사람이 되려면, 불신앙의 세상에서 신앙을 가지려면 담대함이 있어야 한다. 악을 사랑하는 세상에서 선하게 되려면 용기가 필요하다. 하나님은 우리가 엘리야처럼 두려움 없이 일어서기를 기다리신다.

헌신하는 사람

하나님은 또한 엘리야처럼 헌신한 사람을 찾으신다. 헌신이라고 하면 오늘날의 사람들은 판에 박은 듯한 진부한 소리라고 느낄 것이다. 그러나 우리는 하나님께 헌신해야 한다. 하나님께서 그분께 온전히 헌신한 사람들을 찾으시면, 하나님은 이 세대가 반드시 보아야 할 기이한 일들을 이루기 시작하실 것이다.

순종하는 사람

엘리야는 순종을 보여주었다. 그는 여호와의 말씀대로 가서 행하였다. 하나님이 엘리야에게 말씀하셨을 때마다 그는 하나님의 말씀대로 가서 행하였다. 그가 그렇게 했기 때문에 하나님은 그의 말을 듣고 행하셨다. 엘리야와 하나님은 서로 조화를 이루어 함께 일하셨다. 하나님이 "엘리야야, 이렇게 하라"고 말씀하시면 그가 달려가 그렇게 행하였고, 그가 그분께 "오, 하나님, 이렇게 해주소서"라고 말씀드리면 그분이 일하시어 그대로 이루어주셨다. 엘리야와 하나님이 함께 일할 수 있었던 것은, 엘리야가 하나님의 말씀을 들었고 하나님이 엘리야의 말을 들어주셨기 때문이다.

하나님은 순종하는 사람들을 찾으신다. 내가 말하는 순종은 수동적인 순종이 아니라 적극적인 순종이고 의도적인 순종이다. 게으름과 불순종에 빠져 있으면서 주일 아침마다 "주님의 뜻을 이루소서, 주여, 주님의 뜻을 이루소서"라고 찬송하는 사람들이 있다. 이것이야말로 수동의 극치이다! 당신이 일어나 하나님의 말씀대로 행하지 않으면, 하나님은 그분의 뜻을 이루실 수 없다. 하나님이 당신의 삶 속에서 그분의 뜻을 이루시려면, 그분이 당신에게 "이렇게 행하라"라고 말씀하실 때 당신이 그대로 행해야 한다. 예수 그리스도의 교회는 수동적 순종 때문에 저주를 받는데, 수동적 순종은 순종이 아니다.

우리는 장미꽃으로 장식된 길을 가기 원하지만, 엘리야는 고된 믿음과 순종의 길을 가면서 스스로 역경에 뛰어들었다. 우리가 가야 할 길은 엘리야가 가졌던 믿음, 즉 위험을 감수하겠다는 믿음을 요구한다.

기도하는 사람

또한 하나님은 엘리야처럼 기도하는 사람을 찾으신다. 엘리야의 삶은 기도하는 삶이었다. 그는 기도에 능했고, 그가 구할 것을 기도로써 구했다. 단 좋았던 옛 시절을 원해서는 안 되고, 좋았던 시절의 하나님을 원해야 한다.

모든 가정에는 전기가 있다. 전기는 모든 가전제품을 작동시키는 조용한 힘이다. 전기는 눈에 보이지 않고 소리도 들을 수 없지만 항상 존재한다. 전기가 흐른다는 것을 알 수 있는 이유는 전원을 연결했을 때 힘이 작용하기 때문이다.

전능의 하나님이 우리와 함께 계신다. 나는 전기의 소리를 들을 수 없듯이 그분의 소리를 들을 수 없다. 아무도 그분을 보지 못했지만, 그분은 여기에 계신다. 그분이 여기에 계신 것을 어떻게 알 수 있는가? 하나님이 정해놓으신 조건들을 충족시켰을 때 내게 능력이 주어진다는 사실이 그분의 존재를 증명해준다.

엘리야의 하나님 여호와는 오늘날 우리의 하나님이시다. 그분은 예수 그리스도의 하나님이시며 아버지이시다. 그분은 오늘날 기적을 행하는 하나님이시지만, 거기에는 조건들이 있다. 바로 믿음과 순종이다. 능력의 근원이신 분을 믿고 그분께 순종하면 엘리야가 가졌던 능력을 얻게 될 것이다.

엘리야의 하나님 여호와께서는 두려움 없는 사람들, 헌신한 사람들, 순종하는 사람들, 믿음으로 충만하여 기도하는 사람들을 기다리고 계신다. 그런 사람들을 발견하시면, 지나간 세대의 사람들을 위해 행하셨던 것을 그들을 위해서도 행하기 시작하실 것이다.

오, 엘리야의 하나님! 당신이 그 옛날 능력의 선지자들 가운데 행하셨던 것을 지금 우리 중에서도 행하시기를 갈망하나이다. 오직 당신만이 행하실 수 있는 것을 우리 안에서 우리를 통해 지금 행하시도록, 오늘날 우리가 온전히 복종하게 하소서. 예수님의 이름으로 기도하나이다. 아멘.

chapter
10

하나님의
주권적인 부르심

건너매 엘리야가 엘리사에게 이르되 나를 네게서 데려감을 당하기 전에 내가 네게 어떻게 할지를 구하라 엘리사가 이르되 당신의 성령이 하시는 역사가 갑절이나 내게 있게 하소서 하는지라 _왕하 2:9

우리는 우리의 변덕스러운 기분에 따라 선지자가 되는 것이 아니라 하나님의 주권적 부르심에 의해 선지자가 된다. 만일 하나님이 어떤 사람을 부르지 않으셨다면 그는 그분의 메시지 전달자가 될 수 없다.

이것을 굳게 믿은 사람이 있었는데, 그는 우리 성경대학의 학생주임이었다. 그 학교를 졸업하는 사람들은 교회에서 사역할 수 있는 자리를 얻으려고 노력했다. 그러나 그 학생주임은 그들에게 별로 도움을 주지 않았다. 어느 날 누군가 그에게 이 문제에 대해 "졸업생들이 사역할 수 있는 자리를 얻는 일에 당신은 왜 도움을 주지 않으십니까?"라고 물었다.

학생주임은 이렇게 대답했다. "만일 하나님이 누군가를 사역자로 부르셨으면 그에게 사역의 문을 열어주실 것입니다. 하지만 그의 엄마가 그를 사역자로 불렀다면, 엄마가 사역의 자리를 얻어줄 것입니다."

학생주임의 생각이 약간 경직되었다고 말할 수도 있겠지만, 아무튼 그의 말은 정곡을 찔렀다. 만일 하나님께서 누군가를 사역자로 부르셨다면, 그가 사역자로 일하는 것을 막을 수 있는 것은 아무것도 없다.

오늘날 우리의 문제는 목회를 하나의 직업으로 선택하는 사람들이 있다는 것이다. 이것은 교회를 말로 다할 수 없는 어려움에 빠뜨렸다. 목회는 직업적 선택의 대상이 아니라, 누군가의 삶에 임하는 하나님의 주권적 부르심이다. 이 문제를 제멋대로 판단할 권리는 누구에게도 없다.

가치를 '크기'(size)로 판단하는 것은 언제나 잘못인데, 우리는 늘 그런 잘못을 범한다. 우리는 가장 큰 것, 가장 부유한 것, 가장 짧은 것, 가장 긴 것, 가장 넓은 것을 자랑한다. 크기는 우리의 삶 속에 이런저런 모양으로 존재할 수밖에 없지만, 그럼에도 불구하고 크기에 따라 가치를 판단하는 것은 잘못이다.

당신이 아직도 석탄을 쓰기 때문에 당신의 집에 석탄 5톤을 들여온다고 가정해보자. 한 사람이 작업한다면 그 석탄을 석탄 저장 창고에 넣는 데 온종일 걸릴 수도 있다. 그러면 두 사람이 온종일 작업해야 저장 창고에 넣을 수 있는 양의 석탄을 가치로 따져보면 어떨까? 그렇더라도 당신의 아내가 끼고 있는 반지보다 훨씬 가치가 떨어질 수 있다. 크기가 크거나 무게가 많이 나간다고 해서 더 가치 있는 것은 아니다.

이스라엘 나라를 예로 들어보자. 이스라엘이 중요했던 것은 그 민족 자체가 중요했기 때문이 아니라, 하나님께서 하나님의 언약을 통해 그 민족을 이스라엘로 만들어주셨기 때문이다. 하나님은 아무것도 아닌 것을 취하여 중요한 것으로 만들어주신다. 자기가 어디로 가는지를 아는 사람들은 주님을 따르고 있는 것이 아니다. 왜냐하면 그분의 행하심을 그토록 완벽하게 예측한다는 것은 불가능하기 때문이다. 이스라엘은 자기들이 중요한 존재라고 생각했지만, 그분을 떠나서는 아무엇도 아니었다.

엘리야는 여러 해 동안 이스라엘의 선지자로 사역했다. 엘리야 자신은 대단한 존재가 아니었지만, 하나님과의 관계나 이스라엘과의 관계에서 그는 지극히 중요한 위치에 있었다.

엘리야는 자신의 사역 말미에 있었다. 하나님은 선지자를 본향으로 부르시거나 어떤 사역으로 부르실 때 하나님의 방법으로 하신다. 그럴 때 우리가 할 일은 하나님이 우리를 한 단계 승격시키려고 하신다는 것을 깨닫고 과거와 작별하고 미래를 맞이하는 것이다.

하나님은 후임자를 예비하신다

하나님께서 엘리야 같은 사람을 데려가실 때는 반드시 엘리사 같은 사람을 세워 그 자리를 대신 채우게 하신다. 그분의 일은 중단되지 않는다. 당신은 이것을 확신해도 좋다! 하나님의 종들은 그들의 영원한 상급으로 나아갔지만, 그분의 일은 계속된다. 엘리야는 떠났지만 하나님은 이스라엘에게 계속 복을 주실 것이었다. 하나님은 엘리야의 일을 이어받아 계속 진행할 사람을 세우실 계획을 세우셨는데, 그의 이름이 엘리사였다.

여기서 내가 말하고 싶은 것은, 현재 하나님의 지도자 중 어떤 이들이 본향으로 돌아가고 있다는 것이다. 지난 몇 년 동안 세상을 떠난 교계 지도자들도 있다. 이런 현상을 보면서 우리는 "하나님께서 그분의 큰 일꾼들을 데려가시면 우리는 어떻게 해야 하는가?"라고 걱정하기 쉽다. 그러나 하나님은 엘리야 같은 사람을 데려가실 때 반드시 엘리사 같은 사람을 세워 그 자리를 대신 채우게 하신다. 모세 같은 사람을 데려가실 때 반드시 여호수아 같은 사람을 세우신다. 바울 같은 사람을 데려가실 때 반드시 성 어거스틴 같은 사람이나 그 밖의 다른 어떤 사람을 세워 그 자리를 대신 채우게 하신다.

엘리야가 떠나야 할 때가 가까이 왔을 때 하나님의 손은 새로운 사람을 향하고 있었다. 당신이 높이 평가하며 존경하는 사람, 즉 위대한 설교자, 하나님의 능력의 종을 대신할 사람에게 하나님은 손을 얹고 계신다. 조만간 그분은 위대한 설교자의 코에서 호흡을 취하실 것이고, 그는 진흙 덩어리로 변할 것이다.

사실 그는 애당초 진흙이었지 않은가? 선하신 하나님께서 그 진흙을 그토록 위대한 존재로 만들어주신 것이 아닌가? 하나님께서 그분의 능력의 종들을 본향으로 데려가려고 하시는 것을 볼 때 우리는, 하나님이 그들을 대신할 다른 이들을 찾고 계신다는 것을 알아야 한다. 그런데 그들을 대신할 사람들이 우리 눈에는 그들만큼 위대한 존재로 보이지 않을 수도 있다.

하나님은 아무것도 아닌 사람을 중요한 존재로 만드신다

그렇다면 하나님은 어떤 사람을 찾고 계실까? 저 밖에서 당당히 걸어가는 헤라클레스 같은 거인을 찾으실까? 그렇지 않다. 그분이 존귀하게 사용할 자를 결정하려고 하실 때 강한 자를 선택하시는 경우는 좀처럼 없다. 그렇다! 하나님께서 그분께 쓰임 받는 영예를 누군가에게 허락하려고 하실 때 능력 있는 자를 택하시는 경우는 지극히 드물다.

이것을 잘 지적한 것이 사도 바울의 말이다. "그러나 하나님께서 세상의 미련한 것들을 택하사 지혜 있는 자들을 부끄럽게 하려 하시고 세상의 약한 것들을 택하사 강한 것들을 부끄럽게 하려 하시며 하나님께서 세상의 천한 것들과 멸시받는 것들과 없는 것들을 택하사 있는 것들을 폐하려 하시나니 이는 아무 육체도 하나님 앞에서 자랑하지 못하게 하려 하심이라"(고전 1:27-29).

하나님은 많은 사람들이 좋아할 것 같은 자들은 오히려 선택하지 않으시고, 대신 그분께 가장 큰 영광을 돌릴 사람을 택하신다. 우리는 이런 경우를 성경과 교회 역사에서 아주 많이 볼 수 있다.

기드온이 미디안 사람들을 두려워하여 은밀한 곳으로 가 동굴 안에서 약간의 곡식을 타작하고 있을 때 여호와의 사자가 그에게 나타나 "큰 용사여!"라고 말했다(삿 6:12). 하나님은 미디안 사람들을 피해 은밀한 곳에 있는 기드온을 부르실 때 틀림없이 미소를 지으셨을 것이다.

물론 기드온은 자기가 큰 용사라고 믿지 않았다. 그는 어떤 큰 용사를 보며 "아, 저 사람이 바로 그 큰 용사구나!"라고 말할 수 있을 정도의 사람밖에 안 되었다. 그러나 만일 그분이 당신을 큰 용사라고 부르시면 바로 당신이 큰 용사이다! 하나님이 기드온을 부르셨듯이 당신을 부르실 때 그분의 말씀에 이의를 제기하지 않는 것도 믿음이다.

우리가 또 생각해볼 수 있는 사람은 다윗인데, 그는 그의 형제 중에서 하나님께 쓰임 받을 가능성이 가장 작아 보이는 사람이었다. 선지자 사무엘이 그의 형제들에게 기름을 부으려고 했을 때마다 성령께서 사무엘에게 "그는 내가 원하는 사람이 아니다"라고 말씀해주셨다.

결국, 사무엘이 있는 곳에 모인 모든 이들이 어깨를 으쓱거리며 "뭔가 잘못된 것이 분명해!"라고 중얼거릴 때 누군가 막내아들 다윗을 생각해냈다. 하나님의 선택이 다윗에게 있을 가능성은 전혀 없어 보였지만, 다윗이 그곳에 도착했을 때 사무엘은 그가 바로 하나님께 선택받은 자라는 것을 즉시 알게 되었다(삼상 16장).

이처럼 하나님은 아무것도 아닌 자를 택하여 중요한 존재로 만들어주신다. 어부 베드로를 보라. 그를 택하여 예수님의 사도 중 하나로 만들어주려는 사람이 과연 있었을까? 만일 사도를 뽑는 투표가 있었다면 베드로는 가장 적은 표를 얻었을 것이다. 그러나 하나님은 그를 보시고 그에게 "베드로야, 나는 네게 일을 맡기려고 한다"라고 말씀하셨다. 하나님은 그를 택하시어, 오늘날 우리가 성경에서 읽을 수 있는 가장 위대한 사람으로 만들어주셨다.

하나님은 큰 자를 취하시면 그를 겸손하게 하시고, 보잘것없는 자를 취하시면 그를 들어 올리신다. 이것이 그분이 일하시는 방법이다.

언제나 메시지가 메시지 전달자보다 중요하다. 메시지 전달자는 메시지를 전할 자격이 있으면 된다. 그러나 메시지는 그가 세상을 떠난 후에도 계속 남아 있게 된다.

하나님의 부르심을 받는 영예

여기서 우리가 생각해보아야 할 중요한 점은 우리가 하나님의 부르심을 받는 것이 언제나 영예라는 것이다. 그분이 우리를 부르시는 것은 우리를 아래로 끌어내리기 위함이 아니다. 물론 삭개오의 경우에서 볼 수 있듯이, 예수님이 현기증 나는 높은 곳에서 그만 내려오라고 부르실 수는 있다. 예수님은 돌무화과나무에 올라간 삭개오에게 내려오라고 말씀하셨다. 왜냐하면 그가 애당초 올라가지 말아야 할 곳에 올라가 있었기 때문이다.

하나님이 우리에게 내려오라고 말씀하실 때는 우리를 저급한 상태로 끌어내리기 위함이 아니다. 하나님은 우리가 영예로운 자리에서 내려오도록 우리를 부르시는 것이 아니다. 언제나 우리를 높여주려고 우리를 부르신다. 당신이 하나님을 향해 간다면 그것은 위로 올라가는 것이고, 그분에게서 멀어진다면 아래로 내려가는 것이다. 그분은 언제나 당신을 위로 부르신다. 만일 하나님께서 겸손히 사람들을 섬기는 일, 예를 들면 영세민 구제 전도단에서 봉사의 일을 하라고 당신을 부르셨다면 그것은 사실 당신을 높이신 것이다.

그분은 엘리사라는 사람을 부르셨다. 엘리사가 성경에 처음 등장하는 모습은 밭을 갈고 있는 모습이다. 농사를 짓는 것이 특별히 높은 지위의 사람이 하는 일은 아니었지만, 엘리사의 농장은 틀림없이 대단히 컸을 것이다. 왜냐하면 그가 열두 겨릿소로 농사를 지었기 때문이다. 인간의 관점에서 보자면, 위대한 선지자 엘리야의 뒤를 이을 만한 자질이 엘리사에게 있었던 것은 아니다.

그러나 엘리야가 그를 지나갈 때 하나님께서 엘리야에게 "네 뒤를 이을 자가 저기 있다"라고 말씀하셨다. 엘리야는 밭으로 걸어가 그의 직책의 상징인 겉옷을 벗어 엘리사 위에 던졌다. 엘리야는 길을 가는 운명의 순간에 하나님의 음성을 들을 수 있는 준비가 되어 있는 사람이었다.

오늘날 우리는 너무 경박하다. 너무 가볍게 생각한다. 이 일에서 저 일로 너무 쉽게 옮겨간다. 충분히 생각하지 않고, 충분히 묵상하지 않고, 충분히 꿈꾸지 않는다. 하나님께서 우리에게 말씀하실 수 있는 기회를 드리지 않는다. 그러다보니 하나님은 우리 쪽으로 던지신 성령의 겉옷에서 나오는 바람에 의지하여 조용히 말씀하실 뿐이다. 우리가 듣지도 못하고 알아차리지도 못하는 이유는 겉모양에 속는 얄팍함, 빠르게 돌아가는 일상생활, 소음 그리고 드라마 같은 것들 때문이다.

엘리사가 밭을 갈고 있을 때 그의 미래의 운명은 머지않아 본향으로 갈 나이 많은 선지자의 모습으로 찾아왔다. 엘리야가 그의 겉옷을 조용히 걸쳐주었을 때, 거기에 반응을 보여야 할 사람은 엘리사였다. 엘리야가 반응할 수는 없는 것이다. 엘리사가 반응해야 했다. 엘리야가 그에게 손을 얹었을 때 그는 엘리야가 하나님의 사람이라는 것을 알았다.

노련한 나이 많은 선지자 엘리야는 감상적(感傷的)으로 일을 처리하려 하지 않았다. 그는 엘리사에게 "돌아가라 내가 네게 어떻게 행하였느냐"(왕상 19:20)라고 말하였다. 엘리사는 하나님의 부르심을 알아챘고, 자신의 과거의 삶에 등을 돌렸고, 그 순간부터 엘리야를 따랐다.

당신이 당신의 기발한 아이디어와 노련함에 힘입어 현재의 위치에 있게 되었다면, 아마 당신은 하나님이 원하시는 곳에 있는 것이 아닐 것이라고 나는 굳게 믿는다. 하나님의 부르심의 순간은 두 번 다시 반복될 수 없는 거룩한 순간이다.

엘리야는 자신이 어디로 갈 것인지를 알지 못했다. 그의 삶은 하나님의 음성에 계속해서 반응하는 삶이었다. 언제나 그는 그분이 가라고 하시는 곳으로 갔다.

하나님의 부르심에 순종과 굴복으로 반응하라

우리가 또 생각해보아야 할 것은, 하나님께서 그분의 법에 어긋나는 것은 전혀 행하지 않으신다는 것이다. 그분은 매사에 일관성이 있으시며, 그분의 모든 행하심에는 거룩한 조화가 있다.

그분은 혼란스럽게 하는 분이 아니시다(고전 14:33). 마귀가 혼란스럽게 하는 자라는 암시가 성경에 분명히 나온다. 하나님은 그분의 뜻에 순응하지 않는 사람을 사용하지 않으실 것이다. 세상 사람들이 어떤 사람을 거물이라고 여긴다고 해서 하나님이 그 사람을 사용하시는 것은 아니다. 사실, 그분은 거물이라는 사람들을 사용하실 수 없다. 그분은 그분의 뜻에 복종하고 이사야처럼 "내가 여기 있나이다 나를 보내소서"(사 6:8)라고 말하는 남자와 여자만을 쓰실 수 있다.

하나님이 어떤 사람을 부르실 때 그 사람은 하나님이 자기를 부르신다는 것을 알게 된다. 하나님이 어떤 사람을 부르신다면, 그 사람은 그분이 맡기실 일을 다 이루어드리기 전에는 죽을 수 없다. 하나님이 어떤 일을 맡기시려고 어떤 이를 부르시고 그가 그 부르심에 응한다면, 그는 그 일을 다 끝내기 전에는 죽을 수 없다. 그분의 부르심을 받은 사람은 사명 완수까지 불사(不死)의 사람이 된다.

사람은 자기 일이 언제 다 끝나는지 모를 수도 있다. 주님께서 어떤 사람이 일을 시작하도록 하신 다음에 그를 천국으로 데려가실 수도 있는데, 그럴 경우 다른 어떤 사람이 그 일을 이어받아 전임자와는 다른 방법으로 그 일을 계속 추진하는 수도 있다. 어떤 선교사나 교회의 일꾼이 젊은 나이에 세상을 떠난다 해도 하나님에 대해 함부로 판단하지 말라.

엘리사는 모든 것을 버렸다. 그의 직업, 친구들, 소득, 큰 농장 같은 것들을 영원히 버렸다. 그는 불가능한 것을 이루려고 하지 않았다. 무슨 얘기인가 하면, 울타리를 사이에 두고 이쪽과 저쪽에 모두 발을 딛고 걸으려고 하지 않았다는 말이다. 사명의 길을 떠날 때 그는 과거와 완전히 담을 쌓았다.

예수님은 새 포도주를 옛날 병에, 낡은 가죽 부대에 넣는 것을 비유로 들어 말씀하셨다. 또한 생베 조각을 낡은 옷에 붙이는 것이 부질없는 짓이라고 강조하셨다. 그리스도인이 될 때 우리는 우리의 기독교 신앙을 우리의 옛 삶에 붙일 수 없다. 그리스도인이 되면 완전히 새로 시작해야 한다. 과거에 등을 돌리고 주님의 인도를 따라야 한다.

엘리사는 작별을 하고 그의 이전의 삶과 결별했다. 그리고 그의 삶을 순종과 굴복의 제단 위에 올려놓았다. 강을 건넌 후에 다시 돌아가는 것이 불가능하게 다리를 불살랐다. 하나님이 당신을 부르셨다면 소들을 죽이고, 과거의 삶과 결별하고, 옛날의 사업을 포기하고, 하나님과 함께 나아가라. 만일 소들의 우렁찬 소리가 당신의 귀에 들린다면, 옛날의 삶으로 돌아가고 싶은 유혹을 느끼게 될 것이다.

하나님은 선지자를 하늘의 본향으로 부르실 때 하나님의 방식대로 하셨다. 그러므로 하나님께 부름 받을 때 우리는 그분이 우리를 한 단계 승격시키려 하신다는 것을 깨닫고 과거와 작별하고 미래를 맞이해야 한다. 하나님께 부름을 받으면 그것을 승격으로 간주하라. 옛 다리를 불살라버리고 다시는 돌아갈 수 없도록 못을 박아라. 그리고 온 마음을 다해 그분을 섬겨라.

오, 하나님! 제 마음이 당신을 갈망하고, 오직 당신에게서 올 수 있는 부르심의 음성에 귀를 기울이나이다. 제가 당신의 부르심에 올바로 반응하여, 지켜보고 있는 세상 앞에서 당신을 높이게 하소서. 감사하며 예수님의 이름으로 구하나이다. 아멘.

chapter
11

하나님을 만나야
그분의 음성이 된다

서른째 해 넷째 달 초닷새에 내가 그발 강 가 사로잡힌 자 중에 있을 때에 하늘이 열리며 하나님의 모습이 내게 보이니 _겔 1:1

현재 기독교라고 불리지만 사실은 싸구려 종교에 불과한 것이 우리 가운데 있다. 이 싸구려 종교를 구성하는 요소는 시(詩), 꽃 몇 송이, 친절한 미소 그리고 형제를 위한 선행 같은 것들이다. 이런 것들이 현재 기독교의 냄새를 풍기고 있다.

현재 우리의 기독교는 기독교라는 이름만 붙은 종교에 불과하다. 그러나 성경은 지하감옥, 불 그리고 칼에 굴복하지 않고 살았던 우리 조상의 믿음을 보여준다. 이름뿐인 기독교를 아무리 강하게 비판해도 지나치지 않다. 왜냐하면 그것은 진리에 뿌리를 두고 있지 않기 때문이다.

에스겔의 이야기는 하나님께서 사람들을 만나주시는 방법을 엿볼 수 있게 해준다. 에스겔은 모든 소망이 사라진 상태에서 완전히 절망에 빠져 그발 강가에 앉아 있었다. 그의 마음에서 빛은 사라졌다. 그러나 인생의 가장 밑바닥까지 내려갔고, 더 이상 아무것도 할 수 없을 때 하나님은 그를 만나주셨다.

하나님과 그의 만남이 얼마나 오랫동안 지속되었는지 우리는 알 수 없다. 어쩌면 짧은 순간의 만남이었을지도 모른다. 아무튼 그 만남은 그의 삶을 영원히 바꾸어놓았다! 하나님을 만나고 체험한 결과, 그는 자신의 세대에게 하나님의 음성을 전하는 자가 되었다.

에스겔의 음성과 같은 음성이 오늘날 어디에 있는가? 자신에게 완전히 절망한 후 하나님의 장엄한 계시 가운데 그분을 만나는 체험을 한 남자들과 여자들은 어디에 있는가?

우리는 쟁기질하지 않고 추수하기를 원한다. 밤은 원치 않으면서 아침은 원한다. 십자가 없는 면류관을 원한다. 토머스 아 켐피스(Thomas a Kempis, 1380-1471. 독일의 신비 사상가로

〈그리스도를 본받아〉의 저자)는 "주님의 입장에서 볼 때, 주님의 면류관을 원하는 자들은 많아도 그분의 십자가를 원하는 자들은 거의 없다"라고 말했다. 하나님나라에서 우리는 아무 투자도 하지 않고 추수하여 온갖 종류의 유익을 얻으려고 하지만, 그것은 불가능한 일이다.

그뿐만 아니라 우리에게는 은혜에 대한 잘못된 개념이 있다. 비싼 대가를 지불하지 않고도 구원을 얻을 수 있다는 생각이 은혜에 대한 잘못된 개념이다. 은혜를 받을 자격이 없는 우리에게 하나님께서 그분의 선하심 가운데 베풀어주시는 것이 은혜이다.

독일의 목회자이며 반나치 운동가였던 디트리히 본회퍼는 현대의 고전이 되어버린 그의 책 《제자도의 대가》(The Cost of Discipleship)에서 이것을 강조했다. 그는 '값싼 은혜'(cheap grace)와 '값비싼 은혜'(costly grace)를 구별하면서 이렇게 말했다. "은혜가 값비싼 것이라고 불리는 이유는 우리의 모든 것을 투자해야 하기 때문이다. 은혜가 값없는 것이라고 불리는 이유는 그것을 받을 자격이 없는 사람들에게 하나님께서 거저 주시기 때문이다." 우리의 믿음의 조상들은 이 차이를 구별했지만, 그들의 가련하고 저급한 후손들은 그것을 구별하지 못하는 것 같다.

하나님의 사람 에스겔은 낙심과 절망 속에 있었다. 희망이 없는 땅에서 완전히 망가져 있었다. 모든 것을 빼앗겼고, 갈 데도 없었고, 의지할 곳도 없었다. 우리는 간사한 사람들이기 때문에 인간적으로 의지할 것이 있으면 그것을 의지한다. 하나님 말고 다른 사람에게 도움을 받을 수 있을 것 같으면, 그 사람을 찾으러 온갖 곳을 돌아다니다가 마지막으로 하나님께 간다.

맨 마지막에 찾아가는 대상이 되어버린 하나님께서는 늘 그 늘 속에 계신다. 때때로 사람들은 "나는 모든 방법을 다 써 보았습니다. 그러나 이제는 하나님만을 의지합니다"라고 간증한다. 이렇게 우리는 제일 먼저 찾아가야 할 분에게 가장 마지막에 찾아간다. 우리가 이렇게 간사하기 때문에 그분은 때때로 우리의 모든 것을 가져가버리신다. 물론 그분을 제일 먼저 찾아야 한다는 것을 우리에게 깨우쳐주시기 위함이다.

다윗은 "밭 가는 자들이 내 등을 갈아 그 고랑을 길게 지었도다"(시 129:3)라고 말했다. 전원생활에 빗대어 표현된 이 옛 시에는 "등에 밭고랑이 생기면 아프다. 누군가 징 박은 구두를 신고 당신을 밟으면 매우 고통스럽다"라는 뜻이 들어 있다. 에스겔은 그런 것이 어떤 것인지를 맛보았다. 그렇게 그의 고통이 극에 달했을 때, 하늘이 열리고 하나님의 환상이 그의 눈에 보였다.

하나님이 옷을 벗긴 사람들

당신이 당신의 영적 생활에 낙심이 된다 해도, 심지어 당신의 기분이 약간 저하된다 해도, 기운 나게 하려고 미동(美童)들을 부르는 짓을 하지는 말라. 듣기 좋은 소리만 골라서 하는 자들, 즉 당신의 턱을 다정하게 어루만져주며 "다 잘 될 겁니다. 다 잘 될 겁니다"라고 말하는 자들을 부르지 말라. 그런 자들은 하나님이 옷을 벗긴 사람들에게 다시 옷을 입히려 해서 하나님나라에 더 큰 해를 끼쳤다.

어떤 사람의 옷을 벗기신 하나님은 그 사람이 시선을 위로 향하여 빛을 보게 되기를 기다리고 계신다. 하지만 싸구려 기쁨의 벨을 울리는 자가 찾아와 그에게 다시 옷을 입히려고 한다. 그러나 우리는 그 사람이 크고 전능하신 하나님 앞에서 벌거벗은 채 그대로 있도록 내버려두어야 한다. 그분이 언젠가 그에게 옷을 입혀주시면, 그 옷은 황금 옷일 것이다.

사람은 누구나 편안한 문제 해결을 원한다. 그리스도인이 되는 것이 얼마나 쉬운지 역설하는 책들이 서점들에 넘친다. 우리는 그리스도인이 되는 것이 얼마나 쉬운지에 대해 설교한다. 그러나 전부 거짓말들이다. 십자가를 지는 것은 식은 죽 먹기가 아니다. 사람들의 반대와 거부를 맛본 분을 따르는 것이 쉬운 것은 아니다.

그러나 그분을 따르면 기쁨이 있다. 그 기쁨에 대해 베드로는 "예수를 너희가 보지 못하였으나 사랑하는도다 이제도 보지 못하나 믿고 말할 수 없는 영광스러운 즐거움으로 기뻐하니"(벧전 1:8)라고 말했다. 그리스도인이 되면 눈물도 많이 흘리게 되지만, 눈물 위에 빛을 비춰주고 무지개도 만들어주는 태양이 있다. 눈물 없는 기독교는 기독교가 아니다.

하늘은 여러 가지 이유로 닫히는데, 한 가지 불길한 결과는 인간이 자신의 힘으로 살도록 남겨졌다는 것이다. 하나님께서는 우리가 그분을 의지하여 살도록 정하셨지만, 하늘은 닫히고 우리는 그분 없이 외롭게 서 있다. 세상에 홀로 남겨졌고, 하나님 없는 사람들은 근거 없는 희망을 키워가고 있다. 어떻게든 일들이 잘 풀릴 것이라는 근거 없는 희망의 말이 그들의 입에서 나오지만, 그들의 말대로 되지 않는다. 우리에게 가치 있는 것은 모두 하나님으로부터 나온다.

현대의 의학과 기술이 인간의 수명을 늘려주었지만, 인간의 삶을 더 행복하게 해주지는 못한다. 우리 사회의 모든 부분이 발전했지만, 세상은 사실상 '외로운 군상(群像)'에 불과하다. 다른 사람들과 함께 있다고 해서 외로움이 치료되는 것은 아니다. 하나님과 함께 있어야 치료된다.

인생의 끝이 다가왔을 때 찰스 스펄전은 "단언하건대, 나는 회심한 이후 지금까지 하나님의 임재의 공백이 15분을 넘어본 적이 한 번도 없다"라고 말했다. 하나님이 당신과 함께 계시면 당신이 어디에 있든지, 무엇을 하든지 그분의 함께 계심을 늘 의식하게 된다.

하나님의 사람들은 그분을 만났고, 그 후에는 삶 속에서 그분의 임재를 늘 느끼며 살았다. 그들의 세계는 하나님으로 충만했고, 그것은 그들에게 태양의 떠오름 같았다.

하나님께 크게 쓰임 받은 사람들이 그분을 체험했을 때 무슨 일이 일어났는가? 그들 모두는 그분을 느꼈다. 즉, 그들 가운데 계신 하나님을 의식하게 되었다. 이런 '하나님 의식'은 오직 조용함 가운데 길러질 수 있다.

가만히 있어 그분이 하나님이심을 알라

지금 우리는 사회 속에서 살고 있고 그 사회는 교회 안으로 스며들어왔다. 사회는 온갖 종류의 활동과 소음으로 가득 차 있다. 아침에 일어나서 밤에 잠자리에 들 때까지 활동과 소음과 잡담이 이어진다. 그러다보니 하나님을 알게 되는 자리까지 나아가는 것이 불가능해졌다.

우리가 이런 현재 상태에 만족하고 만다면, 그분의 뜻대로 그분을 체험하는 단계까지 나아가는 것이 불가능해진다. 그분을 체험하기 위해 충족되어야 할 조건들은 언제나 우리가 정하는 것이 아니라 그분이 정하시는 것이다.

'하나님 체험'이라는 것이 인기가 많은 것은 아니지만 강력한 능력을 준다. 그분을 체험하려면 우리는 가만히 있어야 한다. 이것을 잘 알았던 사람이 다윗이었다고 말할 수 있다. 왜냐하면 그의 시에 "너희는 가만히 있어 내가 하나님 됨을 알지어다 내가 뭇 나라 중에서 높임을 받으리라 내가 세계 중에서 높임을 받으리라 하시도다"(시 46:10)라는 말이 나오기 때문이다. 바로 이런 고요함 가운데 우리가 진정으로 하나님의 임재를 체험할 수 있다.

이것을 깨달은 또 다른 사람이 엘리야였다. "또 지진 후에 불이 있으나 불 가운데에도 여호와께서 계시지 아니하더니 불 후에 세미한 소리가 있는지라"(왕상 19:12). 온갖 시끄러운 소리 때문에 그는 그에게 말씀하시는 세미한 음성을 듣지 못했었다. 우리 삶 속의 모든 소란스러움 때문에 그 세미한 음성을 듣지 못하는 사람이 우리 중에 얼마나 많을까?

우리가 분주하게 돌아가는 삶을 포기하고 그것을 제단 위에 올려놓으려는 의지가 있다면, 오늘날 우리에게 말씀하시는 세미한 음성을 듣게 될 것이다. 하나님께 크게 쓰임 받은 사람들, 즉 자기의 세대를 위해 하나님의 음성이 되었던 저 사람들은 마음이 차분해진 가운데 세미한 음성을 들은 사람들이었다.

당신은 하나님을 만났는가?

하나님의 위대한 사람들을 살펴볼 때 그들은 하나님과 만난 작은 부분들까지 분명하고 예리하게 인식하고 있었다는 것을 깨닫게 된다. 오류는 있을 수 없었다. 하나님께서 그들에게 분명히 말씀하셨기 때문에 그들에게 순종의 마음이 생길 수밖에 없었다. 어떤 것을 듣기는 들었는데 그것이 분명하지 않다면, 순종할 마음이 생기기 힘든 법이다.

당신은 하나님을 만나야 한다. "당신이 하나님을 만날 수 있다" 또는 "당신이 하나님을 만날지도 모른다"라고 말하는 것이 아니다. 당신은 하나님을 만나야 한다! 이것은 반드시 필요한 것이다. 당신이 당신의 세대를 위해 하나님의 음성이 되려고 한다면 말이다.

하나님을 찾아 세상을 돌아다닐 필요도 없고, 나무나 바위 안에 그분이 계신가 하고 그것들을 두드려볼 필요도 없고, 그분을 깊은 곳으로 끌어내리겠다고 하늘로 올라갈 필요도 없다. 성경은 말한다. "오직 그 말씀이 네게 매우 가까워서 네 입에 있으며 네 마음에 있은즉 네가 이를 행할 수 있느니라"(신 30:14).

사람들에게 "당신은 하나님을 만나야 합니다"라고 말하는 것으로는 부족하다. 어떻게 그분을 만날 수 있는지에 대해서도 그들에게 말해주어야 하는데, 그 방법은 복음이다! 복음은 "문이 있다. 오직 하나의 문이 있다"라고 말하는데 바로 예수 그리스도께서 그 문이시다!

그 문을 통해서 우리는 하나님을 만난다. 그리스도께서는 한편으로는 하나님 편에 서서, 다른 한편으로는 인간 편에 서서 서로를 인사시키고 양자를 화해시키신다. 그리고 인간이 하나님의 호의와 은혜를 다시 얻게 해주신다.

하나님의 어린양은 세상의 죄를 지고 가신다. 그분이 의롭지 못한 우리를 위해 죽으신 것은 우리를 하나님께 데려가시기 위함이다. 복음은 우리에게 "너희는 그 은혜에 의하여 믿음으로 말미암아 구원을 받았으니 이것은 너희에게서 난 것이 아니요 하나님의 선물이라 행위에서 난 것이 아니니 이는 누구든지 자랑하지 못하게 함이라"(엡 2:8-9)라고 말한다. 인간은 십자가에서, 예수 그리스도의 빈 무덤에서, 그리고 그분의 보좌에서 정말로 하나님을 만나게 된다.

옛날의 선지자들은 분명히 하나님을 만났다. 하나님의 임재가 그들의 인간적 지성(知性)에 나타났고, 하나님 안에 있는 실재를 그들에게 조명해주었다. 바로 이것이 오늘날 성령께서 우리에게 해주기를 원하시는 것이다. 만일 우리가 우리 세대에 하나님의 음성이 되려면, 인간의 지성을 뚫고 들어오시는 성령의 조명을 받아야 한다. 우리는 보이는 것으로 행하지 말고 믿음으로 행해야 한다.

하나님과 만나는 체험이 비록 짧을 수도 있지만, 그것은 우리에게 평생 영향을 준다. 하나님의 임재를 체험한 사람의 삶은 그 이전과 달라질 수밖에 없다.

여기서 가장 중요한 것 중 하나는 우리가 온갖 형태의 자조(自助)를 거부하는 것이다. 지금 우리 시대에는 자조의 방법을 가르쳐주겠다는 책들이 넘쳐난다. 그러나 스스로 자아를 돕는 것은 문제 해결의 방법이 아니다. 오히려 우리는 자아를 거부하고 십자가에 못 박아야 한다!

병을 고치려고 할 때 약물을 자가 처방하는 것은 좋지 못하다. 어떤 의사도 당신이 자가 처방을 하고 있다는 말을 들으면 별로 좋아하지 않을 것이다. 자신의 병을 스스로 고치려는 것은 좋은 아이디어가 아닌데, 영적인 문제에서는 더욱더 그렇다. 당신은 자신을 스스로 거룩하게 만들 수 없다. 자아는 철저히 거부되어야 한다.

우리가 또 해야 할 것은 눈을 들어 위를 보는 것이다. 위를 보면, 우리 눈에는 미소 지으며 우리를 내려다보시는 아버지가 보일 것이고, 그리스도인으로서 우리의 삶은 지금보다 훨씬 더 아름다운 삶이 될 것이다.

우리 시대에서 가장 한탄스러운 것은 모든 문제의 해결 방법을 알고 있다고 착각하는 자들이 너무 많다는 것이다. 상담사와 심리학자들이 사람들의 문제를 해결해주려고 애쓰지만, 감사하게도 에스겔에게는 그의 문제 해결에 도움이 될 만한 사람이 아무도 없었다. 그에게는 오직 하나님만 있었다! 그에게는 하나님만 필요했다!

  우리가 우리 세대를 위한 음성이 되려고 한다면, 하나님께서는 오직 그분만이 계신 길로 우리를 인도하실 것이다. 그런 길을 갔던 사람이 바로 에스겔이었다. 그에게 하늘이 열렸을 때 그는 인간의 생각으로는 도저히 이해할 수 없는 방법으로 그분을 체험했다. 만일 당신이 하나님이 어떤 분이신지를 자기 머리로 다 이해했다면, 그 하나님은 우리 주 예수 그리스도의 하나님과 아버지가 아니시다.

사랑하는 하나님! 우리가 당신께 굴복하고 모든 것을 당신께 넘겨 드리게 하소서. 우리의 힘으로 헤쳐 나가겠다는 생각을 버리게 하시고, 우리를 들어 올려 천국에 들어가게 하소서. 그리하시면 우리가 전례 없는 방법으로 당신의 임재를 체험하게 될 것이나이다. 예수님의 이름으로 기도하나이다. 아멘.

chapter **12**

기획자가 아니라
선지자가 필요하다

하나님이 모세에게 이르시되 나는 스스로 있는 자이니라 또 이르시되 너는 이스라엘 자손에게 이같이 이르기를 스스로 있는 자가 나를 너희에게 보내셨다 하라 _출 3:14

모세가 큰 사명을 감당할 수 있도록 하나님께서 준비시켰던 것이 있었는데, 바로 '만남이라는 위기'(crisis of encounter)이다. 만남의 위기를 겪어본 사람은 거룩함에 대한 의식(意識)을 갖게 된다. 오늘날 거룩함을 의식하는 경외심이 그토록 없는 이유는 대부분 하나님을 만나는 위기적 경험이 없기 때문인 것 같다.

대개 보통의 그리스도인들은 모세처럼 '만남이라는 위기'를 통해 하나님을 만날 수 있다는 것조차 모르고 있다. 많은 사람이 밑줄이 그어진 신약성경을 손에 들고, 회심하는 법을 논리적으로 잘 설명해주는 사람의 설득력 있는 매끄러운 말을 듣고 하나님나라 안으로 들어온다. 그럴 때 그들에게 진지함이 없다. 그리고 그 안으로 들어와서도 삶에 변화가 전혀 없다.

내가 볼 때, 가장 큰 경외심을 불러일으키는 것은 불타는 떨기나무 앞에 서 있는 모세의 모습이다. 나는 그의 모습을 묘사한 성경 구절을 아무리 여러 번 읽어도, 읽을 때마다 놀라움과 기이한 감정을 느끼며 성경책을 덮게 된다. 모세라는 사람이 우리가 아는 모세가 될 수 있었던 것은 불타는 떨기나무에서 하나님을 만났기 때문이다.

모세는 역사상 위대한 지도자 중 하나였다. 모세는 선지자로, 율법 제정자 그리고 민족의 큰 지도자로 섬겼다. 그는 인류에게 주어진 가장 위대한 도덕법인 십계명을 하나님으로부터 받았다. 언젠가 어떤 사람이 "미합중국 헌법은 인간의 지성이 만들어낸 가장 위대한 문서이다"라고 말했는데, 하나님께서 주신 가장 위대한 법체계는 모세를 통해 주어졌다. "이스라엘 자손에 대하여 하나님이 너희 형제 가운데서 나와 같은 선지자를 세우리라 하던 자가 곧 이 모세라"(행 7:37).

모세는 또한 유대 민족의 해방자였으며 만세(萬世)의 지도자요 정치가요 선생이었다. 이런 존재가 되기까지 그는 모든 준비를 갖춘 사람이었다. 모세는 애굽 사람의 모든 지혜를 배운 사람이라는 말을 들을 정도였고, 애굽이 줄 수 있는 모든 것을 받은 사람이었다.

그렇지만 그는 '졸업 후 과정'을 밟아야 했다. 내가 볼 때 그것은 애굽의 선생들의 발아래에서 밟은 과정보다 더욱 바람직한 것이었다. 그 졸업 후 과정이란 '침묵의 학교'였다! 그 학교는 양 떼와 저 위의 하늘과 별들이었다. 늦은 밤 잠이 들 때까지 그는 저녁 내내 침묵에 귀를 기울여야 했다.

순수한 고독, 절대적인 외로움을 원한다면 별들을 보라. 별들은 아무 소리도 내지 않고 계속 빛을 발하며 장관을 연출할 뿐이다. 모세는 별들을 쳐다볼 이유가 있는 사람이었다. 그는 저녁 내내 별들을 보았다. 그리고 마음이 내키면 밤새도록 보았다. 그리고 한밤중에 잠에서 깨어 잠이 오지 않을 때도 별을 보았다.

하나님은 모세를 소음에서 빼내어 조용함 속에 집어넣으셨고, 그는 자기의 심장박동 소리를 들었다. 그런 상태에서 그는 다른 곳에서는 도저히 배울 수 없는 교훈들, 자기를 아는 법을 배웠다.

우리 현대인은 다른 모든 것들은 알지만, 자기 자신은 모른다. 우리 자신을 모르는 이유는 필요한 만큼 조용해지지 않았기 때문이다. 우리가 저기서 빛나고 있는 '신의 도성'(City of God), 즉 별들로 가득한 우주에 그토록 무관심한 이유는 이런저런 것들에 마음을 빼앗겨 소음 가운데 살아가고 있기 때문이다.

그런데 그런 침묵의 땅에서 모세가 배워야 했던 것이 또 있었다. 그것은 바로의 궁전에서 배울 수 없었던 것이고, 심지어 별들을 보고 양들의 울음소리를 들으면서도 배울 수 없었던 것이었다. 준비 없이는 도저히 감당할 수 없는 큰 사명이 그의 앞에 놓여 있었는데, 그 준비라는 것은 딱 한 가지였다. 바로 하나님이 그를 만나주시는 것이었다! 하나님은 모세가 자신을 대면하여 만나서 거룩함의 감정을 배우기를 원하셨다.

현대 교회의 거룩함

집을 잃어버리거나 신체의 일부를 잃어버리는 것이 정말 끔찍한 비극이겠지만, 현대인이 잃어버린 가장 큰 것은 그런 것이 아니다. 충성심의 상실이나 준법(準法)의 상실은 다른 상실, 즉 '거룩함의 감정을 잃어버린 것'에 기인한다.

나는 우리 주변에 평범한 교회에 가면 마음이 슬퍼진다. 왜냐하면 그곳의 모임에 하나님이 계시지 않기 때문이다. 오늘날 평범한 교회에서는 하나님이 거의 느껴지지 않는다. 그런 교회에서는 머리를 숙이는 경건한 모습을 보이려면 나름의 자제심을 발휘하여 어느 정도 억지로 해야 한다. 그렇지 않으면 거룩함의 감정이 느껴지지 않기 때문이다.

지금은 누가 무슨 말을 하든, 무슨 짓을 하든 용납된다. 이것이야말로 말할 수 없을 정도로 끔찍한 손실이다. 세상은 우리의 시야에서 하나님을 가려버렸고, 그 자리에 세속주의가 대신 들어왔다. 우리는 하나님, 복음, 예배 그리고 그리스도를 세속화했다. 이것은 비극적인 큰 손실이다. 이런 상황에서는 위대한 사람이 나올 수 없다. 지금과 같은 형편에서는 위대한 운동이 일어날 수 없다. 이제 하나님께서 모든 것을 쓸어버리시고 어딘가에서 새롭게 시작하셔야 할지도 모른다.

이런 시대를 살아가는 우리에게 도움을 줄 수 있는 것은 모세의 체험이다. 모세에게 그 체험이 있었기 때문에 그는 하나님께서 그 시대에 필요로 한 선지자가 될 수 있었다. 오늘날 우리 문제의 해결 방법은 하나님을 만나는 위기를 통해 그분을 만나는 것이다.

우리는 하나님을 만나야 한다

하나님은 모세에게 어떻게 나타나셨는가? 불로 나타나셨다! 그분은 우리가 이해할 수 없는 분이시며 말로 다 표현할 수 없을 정도로 크신 분이시다. 그분은 '자신이 어떤 분이신지'를 우리에게 알려주실 수 없다. 다만 '자신이 무엇과 같으신지'는 말해주실 수 있다. 그렇기 때문에 그분은 자신이 불과 같다고 말씀해주신 것이다.

그분은 불 안에 계신다. 하지만 성경이 "하나님은 소멸하는 불이시다"라고 말한다고 해서 하나님이 물질적 의미에서 또는 존재론적(存在論的)으로 불이시라는 뜻은 아니다. 신학자들이 "하나님은 불이시다"라고 말할지라도 우리는 그분이 불이 아니라는 것을 알고 있다. 불은 건물을 태워버리거나 스튜(stew)를 만들 때 사용된다. 하나님이 그런 의미의 불은 아니시다. 그러나 불은 하나님이 그분의 자녀들에게 '자신이 무엇과 같으신지'를 말해주기 위해 생각해내신 가장 적절한 표현이다.

그렇기 때문에 하나님은 여기에서, 황혼에, 불꽃 안에서 나타나셨다. 모세는 하나님이 떨기나무 가운데서 말씀하실 때 무릎을 꿇었다. 그 만남 안에서 모세는 하나님을 보았고 하나님을 느꼈고 체험했다. 그분은 모세에게 이스라엘을 구원하고 율법을 받고 세상에서 가장 위대한 나라를 만들라는 사명을 주셨다. 그 위대한 나라에서 장차 메시아가 나실 것이기 때문이었다. 모세가 그의 모든 사명을 감당할 수 있었던 것은 불꽃 안에서 나타나신 하나님을 만났기 때문이다.

하나님을 만나는 체험은 모세를 크게 바꾸어놓았다. 떨기나무의 불은 불꽃 안에 거하시며 불을 통해 빛을 발하신 하나님이셨다. 그것은 하나님의 임재였고 모세는 거기서 그분을 체험했다. 모세에게는 하나님이 더 이상 관념이 아니었다.

지식과 체험을 구별하라

오늘날 보통 사람들에게는 하나님이 단지 관념이실 뿐이지, 그 이상은 아니다. 떨기나무의 불에서 하나님을 만나기 전까지 모세의 삶에도 하나님은 단지 관념이셨다. 모세는 그분을 지적인 방법으로 인식했지만, 이제는 인격적으로 그분을 체험했다.

지식에는 두 종류가 있다. 하나는 성경에서 얻을 수 있는 것이며, 다른 하나는 체험에서 나오는 것이다. 당신이 어떤 것을 묘사할 수 있다면 당신은 그것에 대한 지식을 갖고 있는 것이다. 당신은 다른 이들에게 그것에 대해 묘사해줌으로써 그것에 대한 지식을 그들에게 전달할 수 있다.

그런데 당신이 묘사할 수 있는 그것을 실제로 체험하는 것은 전혀 별개이다. 전투를 단지 묘사하는 것과 실제로 체험하는 것은 다르다. 전투에 참여한 사람은 실제로 그것을 체험한다. 그런데 이상한 것은 그것을 체험한 사람은 그것에 대해 거의 말을 하지 않는다는 것이다. 모세는 살아 계신 하나님을 체험했다. 모세에게 있어서 하나님은 역사가 아니라 살아 계신 인격체이셨다.

근본주의 교단들의 비극적 실패는 체험 대신 교리를 붙든다는 것이다. 하나님께서 성경 자체를 목적으로 삼으라고 우리에게 성경을 주신 것은 아니다. 성경은 우리를 하나님께 인도해주는 길잡이 역할을 하라고 주어졌다. 성경이 우리를 그분께 인도해주었고, 우리가 만남이라는 위기 속에서 그분을 체험했다면, 성경은 그 임무를 다한 것이다.

성경을 암기하는 것만으로는 부족하다. 어떤 그리스도인들은 하나님의 말씀을 암기하지만, 그 말씀을 써주신 하나님을 만나지 못했다. 그들은 성경을 몇 장씩 통째로 암기하지만, 성경에 영감을 불어넣으신 성령의 감동을 체험한 적이 없다.

성경에 영감을 불어넣으신 성령을 통해서만 성경을 제대로 이해할 수 있다. 만일 내가 암기한 성경 구절들을 통해 만남이라는 위기 가운데 그분을 만나지 못했다면, 그 구절들의 암기는 아무 소용이 없다.

불타는 떨기나무의 체험 그리고 그 후

우리는 하나님을 알 수 있다. 모세가 불타는 떨기나무를 알았던 것처럼 우리도 하나님 그분을 알 수 있다. 모세가 떨기나무 속의 불을 체험하고 배운 것들 몇 가지를 살펴보자.

불 앞에서 느낀 무력감

우선 생각해보아야 할 것은 떨기나무 안에 거하는 불이 예수님의 '주인 되심'(Lordship)을 암시하는 예표(豫表)라는 점이다. 바울은 이것을 가리켜 풍성한 비밀과 영광의 소망, 즉 "너희 안에 계신 그리스도"(골 1:27)라고 불렀다. 불은 떨기나무 안에 거했다. 불은 떨기나무 안에 있었고, 떨기나무는 그 불 안에서 전적으로 무력했다.

당신이 하나님의 손안에서 무력하지 않다면, 당신이 그분에게서 도망칠 수 있다면 당신은 그분을 제대로 아는 것이 아니다. 그분에게서 도망칠 수 있다면 그분의 손안에 있는 것이 아니다. 당신이 발을 빼서 뒷걸음질 칠 수 있다면, 후퇴가 가능하게 하는 다리가 남아 있다면 당신은 그분의 손안에 있는 것이 아니다.

종종 우리는 맨 마지막에 가서야 하나님을 의지하는 경향이 있다. 그러나 모세 앞에 있는 떨기나무는 발을 뺄 수 없었고 도망칠 수 없었다. 옴짝달싹 못하고 그곳에 있어야 했다. 주님께 붙잡혀 도망칠 수 없는 복된 그리스도인은 도망하기를 원하지 않는다. 그는 사방에 있는 다리들을 모두 불살라버렸기 때문에 어디로도 갈 수 없다.

모든 것이 정상적으로 돌아갈 때는 주님과 동행하는 것이 그리 어렵지 않을 것이다. 하지만 완전히 곤경에 처하면, 그것은 장난이 아니다. 모세 앞의 떨기나무가 꼼짝하지 않고 그 자리에 있었다는 것에 대해, 그리고 그 나무 안에 불이 있었다는 것에 대해 하나님께 감사하라.

불의 임재 안에서 정결케 된다

지금 내 머리에 떠오르는 또 하나의 생각은 불이 이 떨기나무를 정화(淨化)했다는 것이다. 온갖 곤충과 애벌레 그리고 바람, 모든 것들이 불에 타서 없어졌다. 이 떨기나무에 5분만 불을 갖다 대도 거기서 살아남을 생물은 하나도 없다. 하나님께서 보존하지 않으셨다면 떨기나무가 한 그루도 남아 있지 않았을 것이다. 그 불은 그 떨기나무를 보존했고, 거기에 붙어 있는 온갖 잡다한 것들을 죽였다. 하나님의 임재의 불 앞에서 견딜 수 있는 사람은 아무도 없다. 그분은 우리에게 필요한 거룩함이시다.

어떤 이들은 "우리는 거룩함을 얻어서 그것을 가지고 다닙니다. 그리고 그것을 잃어버리지 않도록 조심합니다"라고 말한다. 그러나 거룩한 하나님께서 인간의 마음 안에 거하시는 것이 거룩함이다! 인간의 마음이 거룩하게 되는 것은 거룩한 그분이 인간의 마음 안에 계시기 때문이다. 떨기나무가 그 자체로 정결했던 것은 아니다. 떨기나무의 불이 사라졌다면 즉시 벌레들이 돌아왔을 것이다(아마 하나님께서 모세에게 나타나신 다음에 그 불이 꺼졌을 것이다).

우리에게 절박하게 필요한 정결함과 거룩함은 하나님의 임재를 통해 가능해지며, 하나님을 만남으로써 가능해지며, 인간의 마음 안에 거하는 그분의 불로부터 나온다. 정화와 순결함은 우리 안에 거하시는 그리스도에게서 나온다.

그리스도는 우리를 거룩하게 하시는 분이 아니라 우리의 거룩함이시다. 이것은 전혀 다른 문제이다. 그분이 우리의 거룩함이시다. 그러므로 불이 떨기나무 안에 거했듯이 그분이 우리의 마음 안에 거하시면 우리는 살아 있는 만남과 체험을 얻게 되는 것이다. 그리스도께서 어떤 사람 안에 거하시면 그 사람은 깨끗한 사람이 되는데, 왜냐하면 그 사람 안에 계신 정결한 그리스도께서 그를 통해 사시기 때문이다.

불의 임재로 말미암아 변화된다

모세 앞에 있던 떨기나무는 가시덤불 떨기나무이었을 뿐이다. 아마 그런 나무는 그 지역에 수백만 그루가 있었을 것이다. 그 넓은 광야에 수백만 그루의 떨기나무가 흩어져 있었겠지만, 그것들 자체로는 아무것도 아니었다. 모세 앞에 있던 떨기나무에 불이 임하였을 때 그 나무는 바뀌었고, 역사상 가장 유명한 떨기나무가 되었다! 그렇지만 그것은 스스로 영광을 얻은 것이 아니라 내주하는 불 때문에 영광을 얻은 것이다. 그리고 그 영광은 지금까지도 계속 유지되고 있다.

사람들은 불타는 떨기나무에 대해 말하고, 화가들은 그것을 그림으로 그리고, 우리는 그것에 대해 설교한다. 왜 그런가? 그것이 위대한 나무였기 때문인가? 그렇지 않다. 그 안에 위대한 불이 있었기 때문이다.

기독교가 주는 부수적인 유익 중 하나는 아무것도 아닌 사람들, 그리고 앞으로도 아무것도 아닐 것 같은 사람들을 하나님이 택하셔서 하나님이 그들 안에 거하시기 때문에 그들이 변화되고 그들이 의미와 중요성을 갖게 된다는 것이다.

어떤 사람이 무명의 보통 사람으로서 존재감이 없다고 해도 예수 그리스도께서 그를 붙드시고 주님의 영광이 그의 생명 속으로 들어가면 그는 즉시 존재감 있는 사람으로 변한다.

불의 임재 안에서 보호받는다

우리가 또 생각해보아야 할 것은 불이 떨기나무를 보호했다는 것이다. 떨기나무에는 악한 것이 접근할 수 없었다. 주께서 허락하지 않으시면, 누구도 그리스도인을 해칠 수 없다. 그 누구도, 그 무엇도 악한 의도를 가지고 그리스도인에게 다가갈 수 없다.

마귀가 욥을 시험하기 원했을 때 마귀는 "주께서 그와 그의 집과 그의 모든 소유물을 울타리로 두르심 때문이 아니이까"(욥 1:10)라고 하나님께 불평했다. 마귀는 욥에게 접근하기 위해 하나님께 허락을 구했고, 하나님께서 울타리를 조금 열어주셨을 때 비로소 그 틈으로 슬쩍 들어가 욥을 시험했다. 하나님의 자녀 안에 불이 거한다면 그 누구도, 그 무엇도 그를 건드릴 수 없다.

떨기나무를 보호한 것은 무엇인가? 바로 그 나무 안에 있는 불이었다. 그 나무에는 철조망이나 커다란 유리상자 같은 것이 필요 없었다. 왜냐하면 그 안에 불이 있는 한 누구도 그 나무를 해할 수 없었기 때문이다. 그 안에 불이 거하는 한 완전히 안전하기에 아무도 그것을 공격할 수 없다. 그러니 우리는 내주하는 불의 보호를 받고 있음에 하나님께 감사해야 한다.

불의 임재 안에서 아름답게 된다

불타는 떨기나무를 체험한 후 많은 해가 지났을 때 모세는 아주 놀라운 기도를 드렸다. "주 우리 하나님의 은총을 우리에게 내리게 하사 우리의 손이 행한 일을 우리에게 견고하게 하소서 우리의 손이 행한 일을 견고하게 하소서"(시 90:17).

모세는 황혼을 맞이하여 은총의 아름다운 불을 보았을 때, "내가 돌이켜 가서 이 큰 광경을 보리라"(출 3:3)라고 말했다. 모세를 끌어당긴 매력적인 불이 오늘날의 종교에 너무너무 필요하다. 아름다움을 빛 가운데 드러내는 거룩함의 감정이 다른 무엇보다 우리에게 더 절실히 요구된다. 우리 시대의 비극 중 하나는 아름답지 못한 정통 신앙이다.

하나님의 일을 하도록 부름 받은 사람들

기독교 사역에 헌신하려는 사람에게 해주고 싶은 말이 있다. 당신은 영화배우를 흉내 내라고 부름 받은 것이 아니라 불타는 떨기나무가 되라고 부름 받은 것이다. 위대한 존재가 되라고 부름 받지 않았고 아름다운 존재가 되라고 부름 받은 것이다. 그 아름다움은 불 안에, 당신의 담대함 안에, 당신의 용기 안에 있다.

하나님의 일을 하라고 부름 받았다고 느끼는 모든 이들에게 나는 '양떼 복음'(sheep gospel)이라는 천박한 길과 아마추어의 저급한 길을 피하라고 진지하게 조언하고 싶다. 그런 길들을 피하라.

오늘날 복음주의 교단들에서 아마추어리즘이라는 유행병 때문에 고생하고 있다. 지금은 누구나 일어나 저마다 한마디씩 한다. 천박함, 무지, 싸구려 유머, 청중을 깨우기 위해 때때로 던지는 위트 한마디…. 이런 것들을 피하라.

이미 우리에게는 기획자들이 너무 많다. 현재 우리에게 필요한 것은 선지자들이다. 조직하는 사람들은 이미 너무 많다. 만남의 위기를 통해 거룩하신 하나님을 만난 사람들이 우리에게 필요하다.

어떤 대가를 지불하더라도 떨기나무의 불이 되겠다는 의지가 당신에게 있는가? 만일 당신이 그 불이 된다면, 절반만 구원받은 저 다수의 무리는 당신을 광신자로 취급할 것이다.

나는 천국에 미친 사람들이 많을 것이라고 믿는다. 왜냐하면 정말로 하나님을 만난 모든 이들은 약간 맛이 갔다고 세상으로부터 낙인찍혔기 때문이다. 그러나 분명히 알라! 가장 정신이 온전한 사람은 하나님을 가장 많이 아는 사람이다. 가장 건강한 마음은 불이 거하는 마음이다.

만일 당신이 만남의 위기를 통해 하나님을 만나려고 노력하기 시작하면, 사람들은 당신에 대해 "저 사람은 정신이 이상해졌어!"라고 말할 것이다. 그러나 당신이 자리 잡고 제대로 일을 해나가고 있을 때 그들의 집에 무슨 문제가 생기면 그들은 당신에게 전화를 걸어 "우리 집에 어려움이 생겼는데, 와서 좀 도와주실 수 있습니까?"라고 말할 것이다.

주님은 자녀들을 성령 충만하도록 부르신다. 그들을 성별된 삶으로 부르신다. 다시 발을 뺄 수 없고 그러기를 원치도 않을 정도까지 완벽하게 헌신된 삶으로 부르신다. 여기서 중요한 질문은 당신이 그런 삶을 사는 사람 중 하나가 되기를 원하느냐 하는 것이다.

오, 불의 하나님이시여! 과거와 달리 이제 저의 삶 속에서 타오르소서. 저의 삶에 당신의 임재의 거룩함의 불을 붙여주소서. 오, 하나님, 제가 예수님의 이름으로 이것을 구하나이다. 아멘.

chapter
13

하나님이 선지자로 높이는 사람의 특권

하나님께로부터 보내심을 받은 사람이 있으니 그의 이름은 요한이라 그가 증언하러 왔으니 곧 빛에 대하여 증언하고 모든 사람이 자기로 말미암아 믿게 하려 함이라 _요 1:6-7

요한이라는 사람이 위대했던 것은 요한 자신 때문이 아니라 그의 직무와 특권 때문이었다. 아브라함은 주님의 날을 보았기 때문에 즐거워했다. 하지만 세례 요한은 주님의 날에 살았기 때문에 아브라함보다 더 위대해졌다.

다윗이 그의 하프를 연주하며 노래한 분은 '장차 오실 분'이셨다. 그분은 상처를 받고 창에 찔리겠지만, 결국 부활하여 그분의 형제들 중에서 노래하실 분이셨다. 그러나 세례 요한은 그분이 계셨던 곳에 있었고, 그분을 보았고, 그분을 느꼈다.

이사야는 처녀에게서 태어나 "마른 땅에서 나온 뿌리"(사 53:2)처럼 성장하게 될 분을 노래했다. 하지만 세례 요한은 이사야가 예언한 그분을 만졌고, 그분께 세례를 베풀었다. 요한의 특권은 이사야의 특권보다 컸다.

말라기는 그분이 갑자기 그분의 성전에 임하여 불 위에 앉듯이 앉으실 것이라고 말했다(말 3:1). 그러나 세례 요한은 실제로 그 성전 안에서 걸었다. 말라기 3장 1-5절은 그리스도의 재림에 대한 예언이지만, "은을 연단하여 깨끗하게 하는 자"(말 3:3)는 그리스도의 초림 때에 이미 오셨다. 세례 요한은 그 당시에 살았던 사람으로서 그분을 보았고, 만졌고, 그분의 말씀을 들었고, 실제로 그분에게 세례를 주었고, 그분의 출발을 위한 디딤돌이 되었다. 이처럼 세례 요한의 특권은 다른 어떤 사람의 특권보다 더 컸다.

누군가 "세례 요한이 가장 큰 자이다"라고 말했을지 모르지만, 요한 자신이 가장 큰 자라고 말하지 않았다. 또 누군가 "세례 요한이 가장 강한 자이다"라고 말했을지도 모르지만,

나는 그가 가장 강한 자이었는지 잘 모르겠다. 세례 요한이 가장 지혜롭다고, 가장 재능 있다고, 또는 가장 뛰어난 달변가라고 누군가 말했을지도 모르지만, 성경은 그런 말을 하지 않는다. 다만 성경은 그가 보냄을 받았다고 말한다. 성경의 이 증언은 말로 다 표현할 수 없이 큰 영예를 요한에게 안겨주었다!

그가 하나님으로부터 보냄을 받았다는 말 때문에 그는 지극히 높은 영예를 얻게 되었다. 그분의 보냄을 받아 세상에 온 사건은 세상에서 측량할 수 없는 복이며 이루 말할 수 없는 보물이었다.

하나님이 보내신 사람들

하나님은 그분의 사람들을 보내신다. 대표적으로 노아가 있다. 의인(義人) 노아는 방주를 만들어서 노아 자신과 그의 가족과 인류를 멸절에서 구했다. 하나님의 보냄을 받은 또 다른 사람 아브라함은 갈대아인의 우르 출신으로서 그의 마음속의 빛과 하나님의 흐릿한 환상을 따랐다.

하나님께서 보내신 모세라는 사람은 애굽에서 어둠과 속박 가운데 있는 그의 민족을 인도해내어 홍해를 건너게 하고 광야로 이끌고 들어갔다. 그는 40년 동안 그의 민족을 인도하고 깊이 사랑하고 양육하고 돌보았다.

그가 죽었을 때, 하나님의 보냄을 받은 여호수아라는 사람이 등장했다. 암탉이 병아리를 날개 아래 품듯이 여호수아는 그의 민족을 모아 강을 건넜고, 하나님께서 아브라함과 이삭과 야곱에게 약속하신 땅에 그들을 정착시켰다.

하나님의 보냄을 받은 사람으로 다윗도 있었다. 다윗은 자기의 마음속 깊은 곳으로 들어가 현악기들을 뜯어내어 회당들의 창문에 천 년 동안 걸어놓았다. 박해의 거센 바람이 불어와 그 악기들을 스쳤을 때, 유대 경배자들을 위한 노래가 탄생했다. 성전의 휘장이 찢어졌을 때 성령께서는 동일한 심금(心琴)을 다윗의 마음에서 취하여 교회들의 창문에 매다으셨다. 오늘날 우리가 노래를 부를 때마다 다윗도 함께 부른다. 이처럼 다윗은 하나님의 보냄을 받은 사람이었다. 그는 세상에게 노래하는 법을 가르쳐주었고, 그 후 세상은 그의 노래들을 불러왔다.

방금 언급한 사람들 외에도 우리는 베드로, 바울 그리고 마르틴 루터를 언급할 수 있을 것이고, 오늘날에 이르기까지 기독교 역사에 출현했던 수많은 하나님의 사람들을 덧붙일 수 있을 것이다. 그런 맥락에서 당신이 좋아하게 된 사람들의 명단도 얼마든지 덧붙일 수 있을 것이다.

사람들이 하나님의 뜻이 이루어지도록 긍정적인 일을 행하였다면, 거기에는 반드시 하나님으로부터 보냄을 받은 사람들이 있었다. 보냄 받은 사람들이 다른 사람들과 협조해서 일한 것은 사실이지만, 그들은 언제나 사람들을 초월해서 일했다. 왜냐하면 하나님으로부터 보냄을 받았기 때문이다.

하나님의 보냄을 받았다는 것보다 더 영예로운 일은 없다. 그러므로 우리는 요한이라는 사람이 주는 교훈과 좋은 모범을 더욱 발전시킬 필요가 있다.

하나님은 요한에게서 무엇을 보셨는가?

하나님의 소유가 되고 하나님께 사명을 받고 하나님의 능력을 받고 하나님의 보냄을 받는 것은 인간에게 주어질 수 있는 최고의 영예이다. 그래서 나는 하나님께서 세례 요한 같은 사람을 왜 그렇게 사용하셨는지를 알고 싶다. 그분이 그를 사용하셨다면, 오늘날 당신과 나 같은 사람도 사용하실 수 있기 때문이다. 하나님은 요한에게서 무엇을 보신 것인가?

고독한 사람

우선 하나님께서 세례 요한에게 보셨던 것은 그가 고독한 사람이었다는 것이다! 그가 이스라엘에게 나타나기 전에 요한은 광야에서 살았다.

내가 볼 때, 요한이 우리 시대에 산다면 이 시대에 적응하기 힘들었을 것이다. 그는 정장 차림이 아니었고 그의 말은 유창하지 못했다. 시인들의 말을 인용해서 말하지도 않았다. 그러나 그는 광야에서 고독한 가운데 하나님과 함께 있다가 마침내 고독에서 나와 침묵을 깼다. 트럼펫 소리에 맞춘 드럼 소리처럼 말이다! 모든 이들이 하나님과 함께 살아온 이 사람의 말을 듣기 위해 몰려들었다.

본래 세례 요한은 침묵의 세계 속으로 들어갔던 사람이었다. 그것은 하나님과 함께, 별들과 함께, 거센 바람 소리와 함께, 그리고 태양과 함께 지내는 학교였다. 지금 우리의 문제는 하나님을 잠잠히 기다릴 수 있을 정도로 조용해지지 못한다는 것이다. 지금 우리는 말을 하지 않고 가만히 있으면 무엇인가 잘못되었다고 느낀다. 누군가는 말하고 있어야 한다는 것이 우리의 생각이다. 누군가는 덜그럭거리는 소리를 내고 있어야 한다. 그러나 하나님께서 요한을 사용하실 수 있었던 것은 그를 붙잡으실 수 있었기 때문이다. 하나님은 그를 멈추게 하실 수 있었다. 그의 진행 속도를 충분히 느리게 해서 그에게 올라타실 수 있었다!

대부분의 사람은 자기 자신을 발견하지 못한다. 사색이 없고, 진지하지 못하다. 그러다보니 주변에 누군가 늘 있어야 한다. 어떤 철학자는 "당신의 내면에 들어 있는 것이 많을수록 당신 주변에 사람들이 덜 필요하다"라고 말했다. 만일 당신의 내면에 아무것도 없다면, 그 빈 공간을 메우기 위해 당신 주변에 시끄러운 소리를 내는 사람들을 두어야 할 것이다. 대부분의 사람들이 그런 식으로 살아간다. 그들은 혼자 살아갈 능력이 없다. 어디서든 혼자만의 시간을 갖고 조용히 지내는 것이 그들에게는 불가능하다.

거룩한 고독의 기술을 연습하지 않으면 하나님나라에 도움이 되지 못할 것이다. 반드시 침묵이 있어야 한다. 세례 요한은 이스라엘에게 나타날 때까지 광야에 있었다. 만일 그가 세상의 방식에 익숙해진 사람이었다면 침묵 가운데서 하나님을 만나지 못했을 것이다.

욥기에는 "그 때에 내가 조용한 중에 한 목소리를 들으니"(욥 4:16)라는 말이 나온다. 우리의 문화가 무례하고 거칠게 돌아가기 때문에 많은 사람에게서 인격이라는 것을 찾을 수 없고, 세상의 무수한 다임(dime, 10센트짜리 동전) 중 하나로 전락했다고 나는 믿는다. 그것은 닳고 닳아서 번들거린다. 품격이라곤 찾아볼 수 없다. 너무 많이 돌아다녔고, 너무 많은 사람들을 보았고, 너무 많은 접촉을 했다.

만일 당신이 혼자만의 시간을 내어 바닥에 꿇어앉아 일정 시간 동안 그대로 있는다면, 다른 무엇으로도 얻을 수 없는 유익을 얻게 될 것이다. 세례 요한의 비결 역시 바람과 먼지가 떠도는 광야에서 무릎을 꿇고 시선을 위로 향하고 온종일 하나님을 기다리는 것이었다.

소박한 사람

하나님께서 세례 요한을 높이실 수 있었던 또 다른 이유는 그의 소박함이었다. 그는 낙타털 옷을 입었고, 그의 음식은 메뚜기와 석청이었다.

소박함에는 긍정적인 면이 있다. 일부 퀘이커파(the Quakers, 조지 폭스가 17세기에 설립한 기독교 교파)처럼 어떤 이들은 너무 지나치기도 하지만, 그래도 칭찬받을 만한 점들이 그들에게 많이 있다. 우리도 다시 소박해지기를 바란다.

세례 요한은 소박했다. 옷을 수수하게 입고 나타났고, 사람들에게 멋있게 보이려고 하지 않았다. 우리가 살고 있는 이 시대는 사람들이, 특히 설교자들이 자기를 자랑하는 시대이다. 우리가 우리 자신을 자랑하면, 하나님은 잘못된 우리를 부인하시고 우리와 더 이상 관계를 갖지 않으신다. 세례 요한은 자랑하지 않았다. 오직 하나님의 뜻을 행하며 다녔다.

환상의 사람

하나님께서 세례 요한을 높이실 수 있었던 또 하나의 이유는 환상과 관계가 있다. 요한은 하나님이 보여주기 원하셨던 것을 보았다. 요한이 주 예수님께 세례를 주었을 때, 하나님의 성령이 비둘기같이 내려 그분 위에 임하시는 것을 보았다. 다른 사람은 아무도 보지 못했지만 그는 보았다. 하나님께서 그때 무엇을 행하시는지를 볼 수 있는 능력이 요한에게 있었다.

오늘날 우리에게 필요한 것은 눈을 뜨는 것이다. 눈을 뜬 사람은 영적인 시력이 없는 사람이 볼 수 없는 것을 볼 수 있다.

사냥꾼과 함께 시골에 가보라. 그는 보통 사람들이 보지 못하는 것을 본다. 도시 사람의 눈에는 몇 개의 나무, 관목 나뭇잎밖에 보이지 않지만, 사냥꾼은 가까이 있는 사냥감을 본다.

영적 시력이 있는 사람을 힘들게 하는 것이 있는데, 그것은 그의 시대와 조화를 이루는 문제이다. 세례 요한은 영적 시력이 없는 사람들 틈에서 영적 시력을 가진 자로 살아야 했다. 그는 자신의 시대에서 자기가 어떤 위치에 있는지를 알았지만, 그 시대의 조류에 휩쓸려 갈 사람이 아니었다.

잡지를 읽거나 라디오를 듣거나 텔레비전 프로를 보면, 기독교계에서 어떤 경향이 나타나고 있음을 감지하게 될 것이다. 그렇다면 그런 경향은 어떻게 시작되는 것일까? 그것은 별생각 없는 설교자들이 마치 바람에 따라 한쪽으로만 눕는 버드나무 가지들처럼 한쪽 방향만 쳐다볼 때 시작된다. 그들은 반대쪽 쳐다보기를 두려워한다. 왜냐하면 대중의 시선은 그 시대의 종교적 유행이 야단법석을 떨며 큰소리를 내는 쪽으로 이미 고정되어 있기 때문이다.

그 유행을 잡지가 다루고 라디오 프로가 다루고 설교자들이 다룬다. 평신도들도 대화의 주제로 삼는다. 그런 유행이 꽤 쏠쏠한 돈벌이도 된다. 유행의 바람을 타기 때문이다.

그러는 와중에 머리가 반쯤 벗겨진 어떤 이가 뭔가 잘못되어 가고 있음을 느끼고 유행의 바람에 주목하기 시작한다. 영적 시력을 가진 사람들이라면 모두 그 바람을 보지만 거기에 굴복하지는 않는다. 그들은 무수한 사람들이 한쪽 방향으로 밀려가고 있을 때 하나님과 신약성경의 기독교를 위해 일어선다.

우리에게 필요한 것은 분연히 일어나 완전히 반대편을 보고 그쪽의 흐름에 주목할 수 있는 소수의 선지자이다. 세례 요한은 세상에서 자신의 정체성을 찾지 않고 위에 계신 하나님에게 집중함으로써 정체성을 찾았다. 그의 시대의 유행에 함몰되지 않았고, 오히려 언제나 강력한 말씀, 즉 "여호와께서 이렇게 말씀하셨느니라"라는 말씀으로 그의 시대에 도전했다.

그는 최근의 베스트셀러에 나오는 말이나 당시 종교계의 최고 유명 인사의 말을 인용하지 않았다. 그의 시대에 인기 있는 경향을 공개적으로 지지하지 않았다. 그의 메시지는 오직 하나님으로부터 나왔다.

용기 있는 사람

하나님께서 세례 요한을 높이실 수 있었던 또 다른 이유는 그가 용기 있는 사람이었기 때문이다. 유대 지도자들에 맞서 분연히 일어나 "독사의 자식들아!"라고 외치려면 용기가 필요했다. 왜냐하면 그렇게 말하는 것이 대중의 호감을 얻게 해주는 정중한 방법이 절대 아니었기 때문이다.

요한은 어디로부터 오는 반대든 간에 그것에 맞설 의지가 있었다. 우리 중 많은 이들은 용기가 없기 때문에 하나님의 보내심을 받지 못한다. 우리는 남들과 다른 독특한 사람이 되는 것을 두려워한다. 설교자들은 교인들이 줄어들까 두려워한다. 대중의 존경을 잃어버리고 비판받을까 두려워한다. 그리스도인들은 친구, 명예 그리고 소득을 잃어버릴까 두려워한다. 또 다른 사람들의 반감을 살까 두려워한다.

전능의 하나님은 그분의 양들을 부르셨지 생쥐들을 부르신 것이 아니다. 그런데 그리스도인을 양으로 묘사하는 비유는 타락과 죄로 가득 찬 이 시대에 선지자와 병사와 전사(戰士)로 일해야 할 그리스도인의 상징으로는 적절하지 못하다. 때때로 하나님은 그분의 양에게 방패를 주신다. 그가 두 뒷다리로 서게 하시고, 뛰어나가게 하시고, 기적을 통해 양을 포효하는 사자로 바꾸신다. 그리고 그는 독사들의 세대에게 보냄을 받아 루터나 찰스 피니처럼 싸우게 된다.

겸손한 사람

우리는 또한 세례 요한의 겸손을 보아야 한다. 그의 겸손은 하나님께서 그를 높이게 되신 또 하나의 이유이다. 요한은 그리스도께 완전히 길을 열어드리고 자신은 퇴장했다. 이것은 우리가 요한에게 반드시 배워야 할 중요한 점이다. 그는 모든 면에서 그리스도께 길을 열어드리고 사라졌다.

요한복음 1장에 기록된 요한의 증언은 다음과 같은 취지로 한 말이다. "나는 그리스도가 아니고 엘리야도 아니다. 나는 광야에서 들리는 음성이다. 단지 나는 보냄을 받아 광야에서 외치는 음성일 뿐이다. 나는 나 자신에 대해 말하지 않고, 내 뒤에 오실 분에 대해 말한다. 그분이 오시면 나는 그분보다 기꺼이 낮아질 것이다. 왜냐하면 그분은 나와 비교할 수 없을 정도로 크신 분이시기 때문이다. 나는 그분의 신발 끈을 풀 자격도 없다."

세례 요한은 바로 그런 사람이었다! 예수님이 오시자 그의 사명은 끝났다! 요한은 예수님을 가리켜 "보라 세상 죄를 지고 가는 하나님의 어린 양이로다"(요 1:29)라고 말했다. 그는 모든 사람의 시선을 자기로부터 예수님께로 향하게 한 다음, "그는 흥하여야 하겠고 나는 쇠하여야 하리라"(요 3:30)라고 말하며 무대 뒤로 사라졌다.

큰일을 이룬 다음에 사라지면서 다른 사람에게 자리를 물려주는 목사는 오늘날 매우 보기 힘들다. 그러나 세례 요한은 바로 그런 사람이었다! 그는 자기를 위해서는 아무것도 원하지 않았다.

하나님이 높이시는 선지자들은 자기 자랑을 하지 않고, 세상 죄를 지고 가는 하나님의 어린 양에 대해 말하는 선지자들이다. 그들은 하나님의 어린 양이 모든 영광을 받으실 때 기뻐한다. 그들은 자기의 영광을 구하지 않고, 신랑과 함께 있으며, 신랑의 음성 듣는 것을 기뻐한다. 요한이 바로 그런 사람 중 하나였다.

당신은 하나님의 보내심을 받기 원하는가? 당신은 훗날 "그는 하나님께로부터 보냄 받은 사람이었다"라는 고차원의 명예를 얻기 원하는가? 그렇다면 겸손하라! 왜냐하면 하나님은 오직 겸손한 사람들만을 보내시기 때문이다. 교만한 자들은 자기가 자기를 보낸다. 그러나 겸손한 이들은 하나님으로부터 보냄을 받는다.

내 경우를 말할 것 같으면, 만일 내가 하나님의 보내심을 받았다는 것을 깨닫지 않았다면, 기독교 사역자로 나서겠다는 마음이 내게 생기지 않았을 것이다. 내가 보냄을 받은 자라는 것을 몰랐다면, 오늘날의 기독교 사역 중 그 어느 것에도 관여하지 않았을 것이다.

세례 요한이 하나님의 보내심을 받은 자가 되었던 것은 그가 고독과 소박함을 좋아했고, 영적 안목이 있었고, 용기와 겸손이 있었기 때문이다. 요한의 하나님은 여전히 우리의 하나님이시다.

사람이 하나님의 보내심을 받는다는 차원에서, 요한의 때로부터 지금까지 변한 것은 없다. 즉 보냄을 받을 자의 자격과 관련해서 변한 것이 없다는 것이다. 하나님은 그분의 사람들이 나타내는 자질들을 규정하신 다음 이제까지 새로운 자질을 덧붙이지 않으셨다. 따라서 과거에 그들에게서 나타났던 특징은 오늘날에도 그분의 사람들에게서 고스란히 나타나야 한다.

오, 하나님! 옛적에 요한이 그러했듯이 저희도 당신 앞에서 머리 숙이게 하소서. 오, 거룩한 주님이시여! 당신을 절박하게 필요로 하는 지금 이 세상에 우리를 보내소서. 아멘.

PART
04

그리스도의 메시지로 나아가라

chapter
14

광야에서 외치는 자의
소리

이르되 나는 선지자 이사야의 말과 같이 주의 길을 곧게 하라고 광야에서 외치는 자의 소리로라 하니라 _요 1:23

이스라엘에는 400년 동안 선지자가 없었다. 말라기가 마지막 선지자였고, 말라기 이후 이스라엘은 쇠퇴기로 들어갔다. 말라기 이후에는 음성이 없었고 영적 감동도 없었다. 다만, 다른 이들이 듣거나 본 것을 말해주는 선생들이 가르친 말씀의 교리들이 충실히 전달되었을 뿐이다.

이처럼 400년 동안에는 자기가 직접 본 것을 말하는 사람이 나타나지 않았다. 만일 어떤 사람이 나타나 말을 했다면, 그는 다른 이들이 듣거나 본 것을 전할 뿐이었다. 전달자에 불과한 그는 신학의 관리자였고, 나름대로 중요한 역할을 감당하며 다른 이들이 본 것이나 들은 것을 선포했지만, 그 자신은 아무것도 보지도 듣지도 못했다.

그러던 중에 세례 요한이 와서 "나는 그리스도가 아니요 그의 앞에 보내심을 받은 자"(요 3:28)라고 아주 솔직하고 분명하게 자신에 대해 증언했다. 그는 광야에서 말씀을 선포했고, 그를 주목하고 따르는 자들이 많아졌다.

정통 신학의 관리자들은 그들의 사고체계에 들어맞지 않는 요한이라는 인물의 출현에 매우 당황했다. 요한이 이스라엘에 출현할 것으로 예상되었던 사람 중 하나가 아닐까 하는 의문에 사로잡힌 그들은 사람들을 요한에게 보내어 묻게 했다. 정통 신학의 관리자들의 예언 해석에 따르면, 이스라엘에 출현할 것으로 예상되었던 세 명의 주요 인물은 그리스도, 엘리야 그리고 '그 선지자'(that prophet, 요 1:21)였다. 이것이 예정된 명단의 전부였다.

그런데 그들 앞에 나타난 요한이라는 사람은 그리스도도, 엘리야도, 그리고 '그 선지자'도 아니었다. 그러자 성경에 빌붙어 온 그들은 "미안하지만, 당신을 위해 예약된 자리는 우리에게 없소"라고 말했다. 그들은 세례 요한이 그들의 예언 해석에 어떻게 들어맞을지 고민했지만 도저히 알 수 없었다.

요한은 그들의 의도에 맞지 않는 사람이었다. 왜냐하면 그들은 누군가 와서 자신들의 도덕 기준을 흔들어놓는 것을 원하지 않았기 때문이다. 요컨대 그들은 변화 없이 당시의 상태 그대로 있기를 원했다. 그들이 원했던 것은 오늘날 많은 이들이 원하는 것과 다르지 않은데, 그것은 하나님께서 그들의 종교적 기준에 맞추어주시는 것이다. 사람들은 그분이 선하신 분으로 나타나 그들의 종교적 기준에 맞추어주시기만 하면 얼마든지 그분을 따를 용의가 있다.

예언적 진리의 수호자들의 종교적 기준이 만들어지는 데에는 몇 세기가 걸렸다. 나름대로 긴 전통을 가지고 있던 그들은 "참 하나님이시라면, 우리의 기준을 뒤집어엎는다거나 우리의 전통을 파괴한다거나 우리의 의도에 어긋나는 것을 행하시지 않을 것이다"라고 생각했다. 그들은 그분이 그들을 인정하고 정당화해주시기를 원했다. 자기들을 뒤흔들 수 있는 선지자의 음성이 들리는 것을 원치 않고, 자기들을 내버려두기를 원했다. 그런데 요한이 와서 그들에게 의(義)를 외친 것이다.

"이르되 나는 선지자 이사야의 말과 같이 주의 길을 곧게 하라고 광야에서 외치는 자의 소리로라 하니라"(요 1:23).

광야는 세례 요한의 사역 무대였다. 여기서 사용된 '광야'라는 말의 뜻은 요한이 "이스라엘에게 나타나는 날까지 빈 들에 있으니라"라는 말씀에 나오는 '빈 들'이라는 말의 뜻과 다르다(눅 1:80). '광야' 또는 '빈 들'이라는 단어는 지도 위에 표시해서 그 위치를 알 수 있는 일정 지역이지만 성경의 다른 부분들에서 종종 그러하듯이 여기에서도, 단어의 문자적 사용 다음에는 분명한 의미 전달을 위한 단어의 비유적 사용이 뒤따른다.

요한은 광야에서 외치는 자의 소리로서 이스라엘 앞에 서 있다. 즉 광야는 이스라엘의 도덕적 상태를 상징하는 것이다. 그런 관점에서 보면, 광야는 도덕적 상태를 상징하는 몇 가지 특징을 가지고 있다.

이스라엘의 도덕적 광야를 보여주는 특징들

우선 머리에 떠오르는 광야의 한 가지 특징은 '혼돈'이다. 국립공원에 가면 질서가 보이지만, 광야에 가면 무질서가 보인다.

광야의 두 번째 특징은 '황무지'이다. 세례 요한의 광야는 풀이 자라지 않는 불모지였다. 그런 곳에서는 아무것도 살 수 없다. 그저 목적도 의미도 없이 존재할 뿐이었다.

광야를 관통하는 한 줄기 '불확실성'이 요한의 광야의 세 번째 특징이다. 우리가 아는 사막과 달리 그의 사막은 진한 황토색이었다. 두들겨 늘인 것처럼 펴져 있고, 온갖 종류의 가시들, 여기에는 잡초와 쓴 풀, 저기에는 관목 덤불이 있었다. 질서를 조금도 찾아볼 수 없는 아주 혼란스러운 광야인 것이다.

요한의 광야의 네 번째 특징은 광야의 모든 것을 뒤덮고 있는 '무목적성'이다. 그곳의 일부는 하나님께서 필요 없는 것들을 트럭으로 실어다가 버린 채 그대로 방치해놓으신 것 같다는 느낌을 주었다. 거기에는 어떤 목적도 없었고 의미도 없었다.

요한의 광야의 다섯 번째 특징은 '다룰 수 없고 길들일 수 없다'는 것이다. 거기에서는 아무도 자의적인 법에 복종하지 않았다. 누군가 호각을 불어도 아무도 오지 않았고, 누군가 "누워라. 돌아누워라"라고 명령해도 아무도 따르지 않았다.

요한의 광야는 완전히 자연 그대로 야생의 상태였다. 거기에는 혼란, 무질서, 낭비, 무목적성, 길들일 수 없는 성질이 있었다. 요한은 그 모든 것들을 염두에 두고 '광야'라는 말을 사용했다. 그는 그 모든 것들을 너무 잘 알았다. 그리고 그 모든 것들을 이스라엘 속에서 보았다.

하나님은 이스라엘에게 그 모든 것들을 지적하라고 그를 보내신 것이다. 그 모든 것들이 오늘날 내 눈에도 보인다. 머지않아 다른 많은 이들도 나처럼 보고 나름대로 행동에 나서게 되기를 소망한다.

요한은 이스라엘의 종교 지도자들이 상상하지 못했던 것을 보았다. 그는 정통 신학의 충실한 관리자들이 꿈도 못 꾸었던 것을 보았다. 그들이 본 그들 자신은 하나님께서 보신 그들과 너무 달랐다. 하지만 요한은 하나님께서 보신 것과 똑같이 보았다. 즉 제대로 본 요한이 광야에서 외치는 자의 음성인 것이었다. 결국 하나님과 요한이 옳았다.

바리새인, 서기관, 레위인 그리고 여러 세기 동안 무덤을 채우고 있는 다른 모든 이들의 행위 때문에 우리의 의로운 영혼이 괴로움에 빠진다면, 그것은 시간 낭비이다. 현재 우리의 시대는 광야의 상태이다. 우리 주님이 오셨던 과거 이스라엘의 상태와 다를 바 없다. 그렇기 때문에 무엇보다도 현재 우리의 상태에 초점을 맞춰서 말하고 싶다.

기술의 진보가 도덕성의 향상은 아니다

그리 멀지 않은 과거에 우리는 세상이 좋아지고 있다고 배웠다. 참으로 비극적인 가르침이었다. 예를 들면 광견병 같은 것을 치료하게 되었기 때문에 세상이 좋아지고 있다고 들었다. 당뇨병이나 그 밖의 질병들의 정복도 멀지 않은 것 같다. 더욱이 인간은 과거에 할 수 없었던 것들을 이제 아주 많이 할 수 있게 되었다.

사람들은 인간이 '뛰어난'(brilliant) 장난감을 만들 수 있게 되었으니 '선한'(good) 장난감을 만들 수도 있게 되었다고 믿는다. 인간은 '번쩍이는 번갯불'를 끌어당겨 상자 안에 넣거나 전선을 통해 송전하고 또 전화선을 통해 음성을 보낼 수 있다. 그다음으로 인간은 전선을 통하지 않고도 번갯불을 한 곳에서 다른 곳으로 보낼 수 있다.

솔로몬은 이런 현실을 예상하듯 옳게 지적하였다. "내가 깨달은 것은 오직 이것이라 곧 하나님은 사람을 정직하게 지으셨으나 사람이 많은 꾀들을 낸 것이니라"(전 7:29).

장난감 제작자가 지금까지 오랜 시간 동안 만들어낸 것들을 보라. 헝겊 인형으로부터 시작해서 라디오, 전화, 자동차, 비행기 그리고 그 밖에 많은 것들을 만들어냈다. 지금 우리는 콩 껍질을 재료로 양복을 만들 수 있고, 유리로 옷감을 만든다. 그야말로 우리는 산전수전 다 겪은 장난감 제작자이다. 이제 우리는 놀라운 도구들을 만든다. 이 세대는 도구를 만드는 천재들의 시대이다.

현대인의 최대 실패

그런데 이런 모든 일들이 진행되는 동안 우리가 놓친 한 가지가 있다. 자연에서 얻을 수 있는 것들을 적절히 결합하여 최신의 장난감들을 만들어 생활의 편리함을 획득하는 놀랍고 특이한 능력을 발휘하다보니 우리는 과학의 진보와 더불어 도덕의 진보 또한 이루었다는 착각에 빠지게 되었다. 이런 착각이 우리의 가장 큰 실패이다.

과학기술에서 가장 진보한 세대들이 도덕적으로는 가장 경멸스러운 세대들이 되었다는 것이 이상하지 않은가? 이것을 보여주는 한 가지 명백한 예는 문명화된 세계에서의 여성의 타락이다. 사람들은 이것을 모른 체하거나 변명하거나 웃어넘긴다.

다리에 괴저(壞疽, 혈액 공급이 되지 않거나 세균 때문에 세포 조직이 죽는 현상)가 생긴 남자를 예로 들어보자. 그가 그의 괴저를 미화하기 위해 사람들을 많이 모아 돈을 주고 그 괴저의 사진을 전시하고, 책과 시를 쓰고, 자이브(jive, 격렬한 춤을 출 때 사용되는 빠른 춤곡) 노래를 부르게 한다면, 우리도 그것에 현혹되어 머지않아 그 괴저를 미화하게 될 것이다. 그러나 그 남자는 결국 그것 때문에 죽을 것이다. 그가 죽는다는 것은 하늘에 하나님이 살아 계신 것만큼 확실하다. 그 부분을 도려내지 않으면 그는 그것 때문에 죽을 것이다. 그것을 제거하지 않고 단지 이런저런 조건을 내걸고 그것과 협상을 시도하는 것은 무의미하다.

하나님의 법을 어기는 것은 가련한 인류를 오염시키는 것이다. 하나님의 법을 어기면서 그것을 변명하고, 그것을 정당화하고, 그것을 회개하지 않고, 그것을 우리의 사고체계에 뿌리내리게 하고, 그것에 대해 책을 쓴다면, 그것은 우리를 확실히 죽이는 것을 미화하는 것이다. 그것은 우리가 지금 살아 있다는 사실만큼 분명히 우리를 죽일 것이다.

하루 24시간 중 1분 동안에도 얼마나 많은 범죄가 발생하는지 생각해보라. 결국 붙잡히지 않는 살인자들이 얼마나 많은지 생각해보라. 악을 행한 사람이 신문의 1면 기사에 버젓이 등장할 정도로 세상의 도덕이 타락한다면, 하나님은 그렇게 타락한 세상에 더 이상 동의하지 않으실 것이다. 그런 세상에서 사람들은 속속들이 부패한 것이고, "세상은 광야다!"라는 말은 세상에 대한 적나라한 묘사가 될 것이다. 지금 우리는 그런 세상에 완전히 둘러싸여 있다.

그런데 세상만 그렇게 썩었다면 나는 세상의 모든 악에도 불구하고 교회가 깨끗한 것에 대해 하나님께 감사할 것이다. 그러나 그런 감사는 현실을 전혀 모르고 하는 감사에 불과하다. 교회라는 가련하고 낡은 배가 세상의 악에서 벗어나 세상 위를 자유롭고 깨끗하게 떠다니는 것은 불가능하다. 왜냐하면 배에 이미 구멍이 났기 때문이다. 세상과 교회는 이제 구별이 거의 불가능할 정도로 섞여버렸다. 세상은 우리의 도덕적 기준에 너무 많은 영향을 주었다.

그리스도인들은 그리스도를 믿는다고 하면서도 그들의 도덕적 기준을 좀처럼 바꾸지 않는다. 오늘날의 교회 지도자들은 레위인들에게 설교하기를 좋아한다. 그런데 당신도 알다시피, 레위인들은 자기방어에 급급했다. 그들은 전혀 변화하지 않고 그들의 모습 그대로 인정받기를 원했다. 누군가 와서 그들을 흔드는 것을 원치 않았다. 그들은 교회에 가기를 원했는데 교회에서는 마음이 편하고 기분이 아주 좋아졌기 때문이다. 그러나 그들의 사방에는 광야가 압도하고 있었다. 현재 우리는 복음을 전하여 회심자를 만들어내지만, 그 회심자를 광야로 가게 한다.

만일 오늘날 하나님께서 세례 요한 같은 사람을 일으키신다면, 그가 우리에게 제일 먼저 보여줄 모습은 깊은 고민에 빠져 있거나 분노하는 모습일 것이다. 내가 그렇게 믿는다고 말할 수밖에 없는 이유는 내 마음에서 우러나오는 양심의 소리 때문이다. 만일 내 생각이 틀리다면 하나님께서 내 생각이 틀리다고 내게 말씀해주셔야 할 것이다.

당신이 마땅히 되어 있어야 할 존재를 기준으로 삼을 때, 당신의 삶 속에는 광야의 무질서가 얼마나 존재하는가? 당신의 삶 속에 얼마나 많은 낭비가 있는가? 중요한 하나님의 은사들이 얼마나 낭비되고 있는가? 능력과 삶과 시간의 낭비는?

광야의 특징은 공간이 낭비되어 하나님과 인간에게 유익이 되지 못한다는 것이다. 불모성(不毛性)은 광야의 한 부분이다. 거기에는 성장이 없다. 잡초 외에 자라나지 않는다. 열매가 있다 해도 볼품이 없고, 곡식이 있다 해도 품질이 좋지 않다.

한 번, 단 한 번만 태어날 바에는 차라리 태어나지 않는 것이 더 낫다고 나는 믿는다. 그렇지만, 거듭났는데도 불구하고 기독교 신앙의 열매를 전혀 보여주지 못한다면 얼마나 비극적인 일인가! 아무것도 이루지 못한 채 세상을 떠나는 것이 얼마나 비극적인가! 그럴 경우, 우리가 이 땅에 살았던 것에 대해 아무도 하나님께 감사하지 않을 것이다.

그럴 경우, 당신이 하나님의 은혜로 겨우 천국에 들어갔더라도 당신이 떠난 것에 대해 아무도 슬퍼하지 않을 것이다. 물론 당신이 사랑했던 아주 가까운 사람들 몇 명은 슬퍼하겠지만, 그것은 감정적 애착에서 나오는 슬픔에 불과하다.

오늘날 사막에서 자라는 야생 식물들을 생각해보고, 또 오늘날 많은 교회에서 자라는 거친 식물들을 생각해보라. 육신의 식물들과 세상의 식물들이 교회에서 자라고 있다. 우리는 마땅히 하나님의 동산이 되어야 하는데, 어떤 경우에는 형체 없는 광야일 뿐이다. 거친 식물들은 잘려서 불 속에 던져질 것이다.

그러나 안타깝게도, 졸음에 빠진 우리가 깨어나 이것을 깨닫는 것은 불가능하다. 이런 경우를 생각해보자. 어떤 사람이 너무 피곤해서 잠깐 잠이 들었는데 사람들이 "불이야! 불이야!"라고 소리친다. 그런데 그는 살짝 잠에서 깨었을 뿐 완전히 깨어나지 못해 무슨 일이 벌어지고 있는지 모른다. 왜냐하면 위험이 닥쳐도 그들의 눈에서 졸음을 떨쳐내지 못할 것이기 때문이다. 어떤 사람들은 회개했지만, 아직 많은 이들은 회개한 적이 없다. 어떤 이들은 우리 주 예수님이 결정적으로 나타나셨을 때 회개했지만, 대다수는 하나님의 뜻을 받아들이지 않았고 회개하지도 않았다.

그렇다면 오늘날은 어떤가? 우리는 졸음을 떨쳐버릴 수 있을까? 어떻게 해야 우리가 눈을 떠서 교회의 도덕적 상태를 직시할 수 있을까? 우리는 너무 바쁘다. 직장생활을 하느라, 자녀를 키우느라, 학교에 다니느라 바쁘다. 마땅히 참석해야 한다고 생각되는 각종 프로그램에 참석하느라, 반드시 읽어야 한다고 느끼는 책들을 읽느라, 굳이 가지 않아도 될 곳들을 찾아다니느라 바쁘다. 너무 바쁘게 사느라 광야가 있다는 것을 까맣게 잊고 있다. 광야의 영이 우리 주변의 거대한 세상뿐만 아니라 그리스도의 교회까지 덮고 있다.

그러나 부르시는 음성이 있다! 하나님은 그분의 뜻대로 세우신 메시지 전달자를 통해, 그분이 원하시는 것은 무엇이든지 말씀하신다. 하나님은 '광야에서 외치는 음성'을 우리에게 들려주시기를 원하신다. 그렇다면 우리는 어떻게 해야 하는가? 우리 자신을 방어할 것인가, 아니면 굴복하여 순종하고 회개할 것인가?

현재의 교회는 졸음에 빠져 있다. 당신은 지금 내 말이 교회를 비난하기 위한 말이라고 생각하는가? 결코 그런 말이 아니다! 이 세상 그 어디에서라도 작은 선(善)이 내 눈에 보인다면, 나는 그 선의 가치를 믿고 또 그것을 사랑할 것이다. 그것을 옹호하는 데 누구보다 앞장설 것이다. 그러나 그런 내가 분명히 말하겠다. 하나님께서 졸음에 빠진 교회를 흔들어놓을 음성이 될 수 있는 사람을 수년 내에 일으키지 않으신다면, 지금 근본주의라고 불리는 것은 자유주의가 될 것이고, 현대주의자는 무신론자가 될 것이다.

우리는 이미 내리막길을 달리고 있다. 부패는 일단 시작되면 멈출 줄 모르는 법이다. 세포가 망가지고 가스가 나오고 악취가 심해진다. 망설임이 없고, 봐주는 것이 없고, 전혀 차별을 두지 않는다. 일단 썩기 시작하면 완전히 썩을 때까지 계속 진행된다. 지금 우리에게 가까이 계신 위대한 의사(the Great Physician), 즉 '동정하시는 예수님'께서 그분의 날카로운 메스로 도려내시는 것만이 그 진행을 막을 수 있는 길이다.

나는 메아리의 메아리가 될 바에야, 이미 오래전에 사라진 인생을 반영하는 존재가 될 바에야 차라리 설교를 그만두겠다. 나는 잘못된 것을 찾아내고 그 원인을 밝히기를 원한다.

이 나라에 임한, 이 교회들에게 임한 졸음의 정체가 무엇인지를 밝히기를 원한다. 이런 졸음은 우리 주변에 있는 광야의 한 가지 특징이다.

하나님께서 그분의 교회 안에서 종교개혁을 일으켜 그분의 백성을 깨끗케 하시도록 기도하자. 그들이 자기들을 무엇이라고 부르든 간에, 하나님께서 그들을 구별된 백성, 성령 충만한 거룩한 백성과 성경적 백성으로 만들어주시도록 기도하자. 그들이 하나님께 사용될 수 있는 백성이 되도록 기도하자.

사랑하는 하나님! 당신과 저를 갈라놓으려고 잠식해 들어오는 저 광야를 단호히 거부할 수 있도록 제 마음을 강력하게 움직이소서. 제가 이 시대에게 음성이 될 수 있도록 제 마음에 말씀하소서. 아멘.

chapter
15

주의 오실 길을 곧게 하라

이튿날 요한이 예수께서 자기에게 나아오심을 보고 이르되 보라 세상 죄를 지고 가는 하나님의 어린 양이로다 _요 1:29

세례 요한은 단지 그가 먼저 달렸다는 이유로 선두주자(forerunner)라고 불렸다. 그 당시에는 왕이 여행을 하려면 왕의 무리보다 먼저 사람을 보내어 왕의 행차를 알리게 하는 관습이 있었다. 요한은 왕의 오심을 알리는 전령이었으며 왕이신 예수님의 선두주자였다. 그는 사람들의 주의를 환기시켜 왕의 오심에 주목하도록 만들기 위해 앞서 달렸다.

하지만 세례 요한은 단지 전령이나 종교계의 폴 리비어(Paul Revere, 1734-1818. 미국 독립전쟁 당시 영국군의 침공 소식을 민병대에 알리기 위해 밤새 말을 달린 것으로 유명하다)로 이해되어서는 안 된다. 요한은 훨씬 더 많은 일을 했다. 그는 진리를 선포했다. 그 선포의 본질은 백성이 그리스도의 오심에 주목하게 만드는 것이었다. 지금도 그의 선포는 지속적으로 보편적인 의미를 갖는다.

대개의 경우, 누군가 어떤 말을 했을 때 그 말은 그 당시에만 의미를 갖는다. 그의 말이 역사로 기록된다 해도 그 이후 세대에게 아무 의미가 없다. 그러나 세례 요한의 메시지는 아주 오랜 세월에 걸쳐서 계속 의미를 갖는다. 왜냐하면 그리스도의 재림으로 말미암아 주님의 영광이 만천하에 드러나고 천년왕국이 세워질 때까지 그의 메시지가 우리 모두에게 도덕적 구속력을 갖기 때문이다.

요한의 메시지는 주님의 나라가 임하고 있으며 왕께서 오시고 있다는 것이었다. 왕이 오시는 것은 창세 이후의 모든 거룩한 선지자들과 모세를 통해 주어진 지극히 오래된 예언들을 성취하기 위함이었다. 요한은 왕께서 그를 뒤따라 바로 오실 것이라고 선포했는데, 그렇게 선포함으로써 그는 "그리스도에 관한 매우 오래된 모든 예언은 결국 인류와 인간의 마음의 모든 소원을 이루어주기 위한 것이었다"라는 메시지를 던진 것이었다.

요한이 제시한 그리스도는 여행객의 길에 빛을 비추어주고, 지구를 따뜻하게 해주고, 풍경을 더 밝히 보여주는 태양 같은 존재이셨다. 그분은 아침의 별로 오실 분이셨다. 그분은 하늘에 떠올라 그분의 백성을 그들의 길에서 만나주실 별이 되실 분이셨다. 사막에서 그분의 양 떼를 푸른 초장과 잔잔한 시냇물가로 이끌어 가실 목자로서 오실 것이었다. 그분은 죄를 사하고 완전한 자유를 주고 자기 자신을 제물로 드릴 제사장으로 오셨다. 그분은 이 모든 것이셨다. 아니, 그 외에도 훨씬 더 많은 것을 의미하셨다.

당신의 성경을 펴보라. 페이지마다 반짝이는 금 조각을 만나게 될 것이다. 우리 주 예수님이라는 놀라운 존재를 만나게 될 것이며, 그분이 병거를 타고 오실 것을 알게 될 것이다. 그러나 그분이 만족할 만한 길이 준비되어 있지 않다면 광야로 오시지 않을 것이다. 하나님이 그 길을 예비하시지도 않을 것이다. 바로 이것이 요한의 메시지였다.

요한의 메시지는 이런 것이었다. "내 뒤에 그분이 오실 것이지만, 너희가 길을 준비하지 않으면 오시지 않을 것이다. 그분은 광야 같은 너희의 삶 속으로 오시지 않을 것이다. 그분은 빛나는 병거를 타고 태양처럼 빛을 비추고, 의사처럼 병을 고치고, 목자처럼 양을 인도하실 것이다. 그 모든 일들을 행하실 것이다. 그분의 빛나는 병거에서 그 모든 것을 행하시겠지만, 광야처럼 엉망진창인 너희의 부도덕한 삶 속으로 병거를 몰고 들어오시지는 않을 것이다."

그분이 와서 길을 만드는 일을 하시지는 않는다. 길을 만드는 것은 그분을 모시는 사람들이 해야 할 일이다. 하나님께서 주의 길을 준비하시는 것은 도덕적으로나 심리적으로 불가능할 것이다. 우리가 주의 길을 닦아야 한다. "내가 가노라. 나를 맞이할 준비를 하라. 내가 병거를 몰고 가리니 너희가 대로를 만들어라"라는 주님의 말씀을 전하는 것이 메시지 전달자 요한의 사명이었다. 그렇기 때문에 요한은 "주의 길을 곧게 하라고 광야에서 외치는 자의 소리"(요 1:23)였던 것이다.

만일 하나님 자신이 병거에서 나와 길을 만드신다면, 그것은 그분의 본성과 인간의 본성에 어긋나는 일일 것이다. 주님의 오심을 위해 길을 준비해야 하는 것은 인간의 몫이다.

요한의 메시지는 이스라엘에게 어떤 결과를 낳았을까? 그것을 아는 것은 어렵지 않다. 일부의 사람들이 그 길을 준비했다. 그분은 그들에게 찾아오시어 "작은 자야 안심하라 네 죄 사함을 받았느니라"(마 9:2) 또는 "가서 다시는 죄를 범하지 말라"(요 8:11)고 말씀하시며 빛과 건강과 치유를 주셨다. 그분은 물을 포도주로 만들고, 파도를 잔잔케 하고, 죄를 용서하고, 소망과 격려를 주셨다. 믿는 자들에게 그 모든 것들을 행하신 것은 그들이 주의 길을 예비했기 때문이었다.

그러나 다른 이들은 요한의 권고를 무시하고, 맹목과 완고함 가운데 계속 거하며, 그리스도를 영접하지 않았다. 그분을 대적하고 모독하고 결국 십자가에 못 박았는데, 그것은 그분이 오셨을 때 그분을 전혀 영접하지 않았기 때문이다.

그들은 요한의 음성에 전혀 따르지 않았다. 성경에는, 어떤 이들이 요한의 메시지를 거부함으로써 그들을 위한 하나님의 뜻을 저버렸다고 기록되어 있다(눅 7:24-30). 그들은 주의 길을 예비하지 않은 자들이었다. 내가 볼 때, 그들은 하나님께서 모든 것을 다 해주시기를 바랐던 것 같다.

지금 우리는 하나님께서 모든 것을 다 해주실 것이라는 착각에 빠져 있는 시대에 살고 있다. 하나님을 '아주 큰 인간'으로 만들어놓은 이 시대에는 너무 희한하고 뒤죽박죽된 신학이

'윙윙' 소리를 내며 사람들의 머릿속으로 들어갔다 나왔다 하고 있다. 우리는 무례할 정도로 그분에게 친밀하고 다정히 대한다. 우리는 그분에 대해 농담을 하고, 그분을 '사업 파트너'나 '부조종사' 또는 그와 비슷한 명칭들로 부른다. 우리는 높으신 영광의 왕이요 '다스리는 자'이신 분을 가볍게 여기고, 오히려 인간을 더 성스럽게 고귀한 자로 높인다.

그러면서도 우리는 그분께서 길을 예비해주시기를 간절히 바란다. 우리를 위한 회개를 해주시고, 우리의 삶을 바로 펴주시고, 우리의 악한 행위를 없던 것으로 해주시고, 이웃과 우리의 관계를 올바로 만들어주시고, 우리의 빚을 갚아주시고, 그 밖에 모든 것들을 해주시기를 바란다. 그러나 요한은 그런 것을 가르치지 않으셨다. 요한은 그분이 우리 안으로 들어오시지만, 준비된 길을 통해 오실 것이며, 그분이 그 길을 예비하시지는 않는다고 말했다. 그렇기 때문에 "너희는 주의 길을 준비하라 그가 오실 길을 곧게 하라"(마 3:3)라는 말씀의 선포가 있었던 것이다.

이것이 성경의 교훈이고, 장구한 세월을 지나 지금까지도 교회에 전해진 가르침이다. 만일 주님께서 우리 중 마지막 사람에 이르기까지 모든 이들의 삶 속에 들어와 태양과 별과 비와 이슬처럼 되시고 또 목자와 제사장과 빛과 치유가 될 준비가 되셨다면, 그분은 우리 안으로 들어와 우리에게 그 모든 것들이 되실 준비가 된 것이다. 하지만 우리의 삶은 광야가 되어 있다.

그렇기 때문에 신자로서 우리는 마땅히 얻어야 할 것을 얻지 못하고 있다. 우리의 영적 삶에 진보가 있어야 하지만 그렇지 못하다. 마땅히 살아야 할 것처럼 살지 못하고 있다. 우리는 우리의 삶이 광야로 변하도록 두었다. 우리가 처음 그분을 믿었던 날에 그분이 우리 안으로 들어오셨음에도 불구하고 어떤 이들은 처음 사랑에서 떠났기 때문에 회개해야 한다.

주님이 우리 안으로 들어오시기를 원하면서도 들어오시지 못하는 것은 그분이 사용하셔야 할 길이 지금 매끄럽지 못하기 때문이다. 우리가 주님의 영광의 나타남을 보기 원한다면, 그분의 길을 예비해야 한다.

당신의 마음의 광야

광야의 잘못된 점이 네 가지 있는데, 하나님의 병거가 들어오려면 우리가 이 네 가지를 처리해야 한다.

그렇게 하느냐 또는 그렇게 하지 않느냐 하는 것은 당신과 나에게 달려 있다. 우리는 성대에 굳은살이 생길 때까지 크리스마스 찬송을 부를 수 있을 것이다. 우리가 원하는 만큼 얼마든지 시간을 내어 큰 소리로 크리스마스를 기념할 수 있을 것이다. 그러나 그 모든 것이 끝난 후에도 우리는 그런 찬송과 기념을 시작할 때와 마찬가지로 아무 열매가 없을 수 있다. 광야와 푸른 가시가 우리의 영혼을 덮을 수 있고, 하나님께서 우리가 있는 곳으로 오시지 못할 수 있고, 우리 내면의 삶 속으로 들어오려고 했던 그분의 승리의 진군이 저기 변경(邊境) 어딘가에서 그냥 끝나버릴 수 있다. 왜냐하면 잡초가 무성하고 울퉁불퉁하고 구부러진 길이 그분을 가로막고 있기 때문이다.

길을 곧게 펴라

우리가 제일 먼저 해야 할 것은 그분의 길을 곧게 펴는 것이다. 하나님은 코르크 마개 뽑는 도구처럼 빙빙 도는 길로 달리시지 않는다. 그러므로 그분의 길을 직선으로 펴라. 구부러진 길들은 모두 바로잡아 곧게 되어야 한다.

하나님의 복을 얻기를 원한다면 당신의 삶을 쫙 펴라. 주님의 기쁨을 원한다면 당신의 삶을 곧게 하라. 당신은 자신에게 무엇이 잘못되었는지를 알 것이다. 빛나는 주님의 병거를 보라! 그 병거가 당신의 마음의 문 앞까지 달려왔지만, 거기서 단지 광야만을 본다면 어떻게 하겠는가? 요한은 구부러진 길을 곧게 펴라고 말한다. 그 길을 곧게 하면 하나님께서 당신 안으로 들어오실 것이다.

나의 이 말이 당신의 삶에서 무엇을 의미하는지 당신은 알 것이다. 나는 내 말이 내 삶에 어떻게 적용되어야 하는지를 안다. 장차 하나님 앞에서 심판을 받을 때 우리는 그것을 알게 될 것이다. 주님께서 우리 안으로 들어와 복과 부흥의 능력을 주시려면 먼저 우리의 삶이 곧게 펴져야 한다.

골짜기를 메워라

그다음에 우리가 해야 할 것은 모든 골짜기를 메우는 것이다. 우리를 아래로 끌어내리는 골짜기들이 너무 많다. 길을 만들려면 골짜기가 메워져야 한다. 병거가 갈 길에는 깊이 팬 곳이나 구멍이 없어야 하는데, 이것은 불이행(不履行)의 죄가 해결되어야 한다는 것을 의미한다.

불이행의 죄가 무엇인가? 그것은 우리가 마땅히 해야 할 것을 행하지 않은 죄이다. 기도하지 않은 것, 성경공부를 하지 않은 것, 베풀지 않은 것, 증언하지 않은 것, 성찬식에 참여하지 않은 것, 하나님을 찾거나 구하지 않은 것, 이런 것들이 다 불이행의 죄이다. 구멍을 메우기 위해서는 이제까지 게을리한 것들을 행하기 시작해야 한다. 구멍이나 바위가 있는 곳으로는 하나님의 병거가 들어올 수 없다.

나는 광야 같은 삶을 사는 많은 이들을 알고 있다. 그런데 그들은 무슨 책을 읽으면 좋겠느냐고 내게 묻는다. 그러나 책이 당신을 위해 대로를 만들어줄 수는 없다. 사실, 내가 추천해줄 수 있는 책은 '하나님의 책'(the Book of God)밖에 없다. 신앙적 퇴보에 빠지고 냉담해지고 메마르고 열매 없는 상태에 처했을 때 책을 구입하기만 하면 된다는 잘못된 생각이 아직도 우리의 마음에 남아 있다.

또 어떤 이들은 하나님이 백만 킬로미터 멀리 떨어져 계신다고 느끼고 자기의 신앙적 차가움과 열매 없음을 깨닫게 되면 강좌를 수강한다. 그런 사람들은 나에게 와서 어떤 강좌를 들으면 좋겠느냐고 묻는다. 그러나 우리에게 필요한 것은 우리가 행하는 잘못된 것들을 중단하고 이제까지 게을리한 것들을 행하기 시작하는 것이다.

당신이 의사에게 가서 진찰을 받았는데 영양실조라는 진단이 나왔다면 강좌를 수강하겠는가? 그렇지 않을 것이다! 대신 지금부터 올바른 식생활을 하기 위한 식단의 처방을 의사에게 부탁할 것이다.

예수님의 불꽃 같은 눈이 우리의 동기를 꿰뚫어 보고 우리 속에 있는 것들을 드러내시는 '그리스도의 날'(the day of Christ)에 우리의 큰 어리석음이 드러날 것이다. 우리 자신의 삶이 광야로 전락하도록 해놓고 "나는 능력 있는 부흥강사가 오기를 기다리겠다" 또는 "나는 기도의 능력이 탁월한 사람의 이름을 알게 되었다"라고 말하며 남을 의지하는 것은 정말 두려운 일이다.

믿음이 아주 좋다는 하나님의 성도가 가까운 곳으로 이사 오면 사람들은 실망하게 된다. 왜냐하면 놀라운 능력으로 가득 채워진 알약이나 캡슐 약이 그에게 있을 거라는 그들의 기대가 산산이 깨어지기 때문이다. 그 성도가 "자매님, 이것을 드세요"라고 말하며 건네는 약을 먹어보았지만 아무 효과가 없었을 것이다. 하나님의 은혜와 능력은 그런 식으로 나타나지 않는다. 하나님은 그분의 복을 그런 요술 같은 알약에 담아주시지 않는다.

우리에게 필요한 것은 잘못된 것을 바로잡고, 게을리했던 것을 행하고, 우리의 구부러진 삶을 곧게 펴는 것이다.

높은 곳들을 허물어라

그다음에 우리가 할 일은 높은 곳들을 찍어 내리는 것이다. 큰 산과 작은 산은 낮아져야 한다. 도로공사를 하는 사람들은 지면에 튀어나온 부분으로 차가 올라가고 움푹 팬 곳으로 차가 내려가도록 도로를 만들지 않는다. 그들은 튀어나온 부분을 깎아내고 움푹 팬 곳을 메우는 방법으로 도로를 만든다. 길을 곧게 만들기 위해서는 우리 삶의 높은 곳들이 제거되어야 한다. 출중함, 명성, 부(富) 같은 높은 곳들 때문에 하나님께서 우리의 삶 속으로 승리의 입성을 하지 못하신다.

고르지 못한 곳을 매끄럽게 하라

또한 우리는 겸손과 순종을 통해 거친 길을 매끄럽게 해야 한다. 그렇게 하면 하나님의 구원을 보게 될 것이다. 주님의 병거가 달릴 수 있도록 길에서 매끄럽지 못한 것들을 제거하고 그 길을 평탄케 하는 것이 필요하다.

전 세계적으로 보편적 부흥이 일어나는 것이 가능할지, 아니면 불가능할지 나는 잘 모르겠다. 즉, 그런 부흥이 일어나는 것이 하나님의 뜻 안에 있는지 아닌지 나는 잘 모르겠다. 하지만 개인적 부흥이 일어나는 것은 얼마든지 가능하다는 것을 나는 잘 안다. 당신에게 개인적 부흥이 얼마든지 일어날 수 있다. 개인적 부흥이 사람들에게서 자꾸 일어나면, 그것이 보편적 부흥으로 발전할 수도 있을 것이다.

그런데 여기서 나는 당신께 몇 가지 질문을 하고 싶다. 당신은 당신의 지난주의 삶에 만족하는가? 정말로 만족하는가? 지난주 당신의 삶에서 빛과 능력과 교제와 깨끗함이 그 정도로 나타난 것에 만족하는가? 정말로 만족하는가?

네 가지의 작은 일을 행하기만 하면 당신에게도 개인적 부흥이 일어날 수 있다. 첫째, 깨끗하고 깔끔하게 정리하라. 둘째, 마땅히 행해야 할 것들을 행하지 않고 있다면 그것들을 행하기 시작하라. 셋째, 여기서 갑자기 튀어나왔다가 저기로 사라지고 마는 것들에 신경을 끊어라. 넷째, 바위들을 들어내고 대로를 평탄케 하라. 이 네 가지를 행하면 하나님의 빛나는 병거가 당신의 삶 속으로 들어올 것이다.

누구라도 개인적 부흥을 경험할 수 있다. 우선 나는 메모용 종이 한 묶음과 연필을 준비하여 어딘가 적당한 장소로 가서 무릎을 꿇으라고 당신께 권하고 싶다. 하나님을 슬프게 해드린 일들이 있다면 그것들을 종이에 적어라. 그리고 그것들을 영원히 버려라. 이제까지 소홀히 했던 것들을 행하겠다고 그분께 약속하라. 당신의 삶 속에 있는 구부러진 것들을 바로잡고, 겸손한 마음으로 하나님을 위해 대로를 평탄케 하라. 그러면 아침 해가 뜨기 전에 그분의 구원을 보게 될 것이다.

오, 하나님! 진리를 볼 수 있는 영적 시력, 기회를 붙잡을 수 있는 용기 그리고 행동할 수 있는 믿음을 주시기를 당신께 구하나이다. 저는 온유하고 겸손한 마음과 회개를 통해 그 길을 평탄케 할 것이나이다. 하나님이시여, 오늘 저를 도우소서. 예수님의 이름으로 기도하나이다. 아멘.

chapter
16

하나님을 보고
망한 사람

웃시야 왕이 죽던 해에 내가 본즉 주께서 높이 들린 보좌에 앉으셨는데 그의 옷자락은 성전에 가득하였고 _사 6:1

이사야서의 이 구절은 거룩한 것에 대한 느낌으로 가득 차 있다. 치유적이고, 신비롭게 심오하고, 도덕적으로 선한 그 무엇에 대한 느낌이 이 구절에 충만하다. 그것은 우리가 이해할 수 없는 것이며, 단지 느끼고 체험할 수 있는 것이다.

이 구절은 그것을 느낄 수 없는 사람들, 즉 이 땅의 노예가 되어 있는 저질적 영혼들에 대해서는 다음과 같이 언급한다.

"여호와께서 이르시되 가서 이 백성에게 이르기를 너희가 듣기는 들어도 깨닫지 못할 것이요 보기는 보아도 알지 못하리라 하여 이 백성의 마음을 둔하게 하며 그들의 귀가 막히고 그들의 눈이 감기게 하라 염려하건대 그들이 눈으로 보고 귀로 듣고 마음으로 깨닫고 다시 돌아와 고침을 받을까 하노라 하시기로"(사 6:9-10).

이사야가 그의 시대뿐만 아니라 그 이후의 시대들을 위한 하나님의 음성이 될 수 있었던 것은 그분을 보았기 때문이다. 이 구절에서 이사야가 어떤 것을 표현하려고 노력하지만, 우리는 그것이 사실상 인간에 의해 표현될 수 없는 것이라는 점을 인정해야 한다. 그는 말할 수 없는 것을 말하려고 노력한다. 그것을 가리켜 신학자들은 '형언할 수 없는 것'(the ineffable)이라고 부른다.

이사야는 그가 본 것을 표현하려고 애쓰지만, 그의 표현을 제한하는 것들이 적어도 세 가지가 있다.

사고의 재료

그가 본 것은 그때까지 그가 보았던 그 어떤 것과도 완전히 다른 것이었다. 그는 그때까지 전혀 보지 못했던 것을 보았다. 그가 본 것은 그때까지 체험했던 것들을 완전히 뛰어넘는 범주에 속했기 때문에, 그것을 이해하는 데 사용되어야 할 '사고(思考)의 재료'가 그에게는 없었다.

그렇다! 누구도 하나님을 이해할 수 없다. 우리가 찬양하거나 기도하거나 예배하거나 설교하거나 생각할 때 우리는 항상 '하나님'과 '하나님이 아닌 다른 모든 존재'를 분명히 구분해야 한다.

이사야는 그때까지 '하나님이 아닌 존재', 즉 그분이 만들고 지으신 모든 것들에 익숙해져 있었다. 그때까지 그는 '창조되지 않은 분' 앞에 섰던 적이 없었다. '하나님'(창조되지 않은 분)과 '하나님이 아닌 존재'(창조된 존재) 사이의 극명한 대조는 그의 언어로는 도저히 담아낼 수 없을 정도로 너무 컸다.

만일 우리가 우리의 지성으로 하나님을 이해할 수 있다면 우리는 그분과 동등한 존재가 될 것이다. 하지만 우리는 그분과 동등할 수 없고, 앞으로도 그럴 수 없다. 우리는 우리의 지성으로 그분을 이해할 수 없다. 그렇지만 이사야는 그렇게 해 보려고 노력했다. 그가 본 것을 알려주려고 엄청 애를 썼다. 하지만 그의 말은 서툴고 불충분했다. 우리가 잘 아는 것을 표현하려고 해도 언어가 서툴고 불충분할 텐데, 하물며 하나님과 관계된 것을 표현하려고 했으니 오죽했겠는가!

하나님을 담을 수 없는 지성

하나님께서는 고귀한 환상을 통해 이사야에게 자신을 나타내셨다. 당신도 알겠지만, '자신을 나타내시는 하나님'과 '하나님을 발견하는 인간' 사이에는 차이가 있다. 인간은 지성으로 그분께 도달할 수 없다. 세상의 모든 두뇌를 모은다 해도 그렇게 할 수 없다. 그러나 하나님은 한순간에 그분을 인간의 영에게 나타내실 수 있다. 그렇기 때문에 인간은 그분을 알 수 있는데, 그 앎이라는 것은 지적인 것이 아니라 체험적인 것이다.

이사야에 따르면 이 구절에 기록된 모든 것들은 사실이었고 또 현재도 사실이다. 그러나 그의 기록은 그것들을 모두 담아낼 수 없다. 마치 인간의 지성이 하나님을 담아낼 수 없는 것처럼 말이다.

멀어버린 영적인 눈

이사야는 "내가 본즉 주께서 높이 들린 보좌에 앉으셨는데"(사 6:1)라고 말한다. 이사야가 본 환상을 내가 세상의 모든 백성들에게 희미하게나마 보여줄 수 있으면 얼마나 좋겠는가! 하나님은 보좌에 앉아 계신다. 그러나 우리는 이 사실을 받아들이지 않는다. 우리는 "하나님이 보좌에 앉아 계십니다"라고 말하면 비판자들로부터 "당신들은 신인동형설(神人同形說, anthropomorphism)을 주장하는군요"라는 비판을 받을까 봐 두려워한다.

그러나 이제까지 나는 신인동형설 같은 거창한 표현에 기죽은 적이 없다. 비판자들이 무슨 용어를 사용하여 비판하든 간에 여전히 나는 하나님께서 보좌에 앉아 스스로 주권을 취하여 모든 것들을 결정하고 계신다고 믿는다. 그렇기 때문에 나는 밤에 잠을 푹 잘 수 있다.

이사야는 하나님의 거룩함을 체험하고 있었다. 모든 종교의 바탕에는 거룩함의 느낌이 깔려 있는데, 그 느낌은 세계의 모든 종교의 배후에서 작용하는 추진력 같은 것이다. 기도하고 경배하고 싶은 욕구는 인간에게서 도저히 제거할 수 없는 본능적인 것이다.

그러나 인간이 죄로 인하여 영적 눈이 멀어버렸기 때문에 이 거룩함의 느낌은 종교에서 여러 형태로, 즉 기괴하고 상스럽고 희한하고 과장되고 부도덕한 형태로 나타나게 되었다. 그러다보니 진리와 순수함은 사라지고, 우상이나 성인(聖人) 같은 것들을 숭배하는 현상이 생겼다. 그런 현상은 인간의 영혼이 신비에 반응을 보이는 과정에서 생긴 것인데, 죄에 의해 왜곡되고 오도(誤導)되었기 때문에 해롭고 또 무익하다.

거룩한 것을 갈망하는 인간은 그런 갈망을 충족시키기 위해 거룩한 것을 만들어내려고 애쓴다. 그러나 우리가 하나님의 거룩함을 진정으로 알려면, 이사야가 그분을 보았듯이 우리가 그분을 보아야 한다. 즉, 보좌에 앉으신 하나님을 보아야 한다.

인간이 하나님의 거룩함에 보이는 반응

하나님의 보좌 주위에서 스랍들이 "거룩하다 거룩하다 거룩하다"(사 6:3)라고 외쳤다. 이제 나는 인간이 하지 말아야 하는 것을 시도해보려고 한다. 그러다보니 내가 제대로 해낼 수 있을지 지극히 의심스럽다. 내가 하려는 것은 '거룩한'(holy)이라는 말에 대해 설명하는 것이다.

거룩하다 거룩하다 거룩하다

'거룩한'이라는 말은 무엇을 의미하는가? 이사야의 이 구절에서 이 말은 만군(萬軍)의 여호와에 대해 사용되고 있다. 그런데 여기서 이 말은 "하나님은 '거룩한' 하나님이시다"라는 말에 나오는 '거룩한'이라는 단어처럼 단순히 형용사에 지나지 않는 것이 아니다. 여기 이 구절에서 '거룩한'(거룩하다)은 열광적으로 삼위일체 하나님께 영광을 돌리는 표현이다. 이 표현이 무엇을 의미하는지 내가 안다고 자신 있게 말할 수는 없겠지만, 그래도 내 나름대로 깨달은 것을 최대한 말해보겠다.

당신의 '지성'이 오래전에 하나님 찾기를 포기했더라도 당신의 '마음'은 느낌으로 그분을 찾아갈 수 있다는 것을 언제나 명심하라. 내가 이렇게 말하는 것은 하나님께서 저편 무한히 먼 곳에 계시기 때문이며, 그분의 모든 피조물을 무한히 초월하시기 때문이다. 옛날에 독일인들은 "마음이 언제나 최고의 신학자이다"라고 말하고는 했다. 당신의 머리로 알 수 있는 것보다 당신의 마음으로 알 수 있는 것이 더 많다.

"거룩함은 도덕적 깨끗함을 의미한다"라는 것 정도는 우리가 이미 알고 있다. 그런데 거기서 더 나아가 우리가 더 생각해보아야 할 '그 무엇'이 있는데, '그 무엇'은 절대적으로 깨끗한 것이다.

우리는 세상의 모든 것을 곧이곧대로 믿어서는 안 될 것이다. 선한 사람도 언제나 선하지는 않고, 선한 여자도 언제나 선하지는 않다. 심지어 성도들도 약점과 결점이 있다. 야고보, 즉 그 옛날의 엄격한 야고보는 "엘리야는 우리와 성정이 같은 사람이로되"(약 5:17)라고 말했다. 엘리야가 하나님께 온전히 사로잡힌 선한 사람으로서, 이미 우리가 살펴본 바와 같이 하나님께 크게 쓰임 받았지만 그렇더라도 그가 완전한 사람은 아니었다는 것이다. 이것을 알면 우리가 위로를 받을 수 있다.

오직 한 분만이 절대적으로 선하시다. 오직 한 분만이 절대적으로 거룩하시고, 절대적 의미에서 도덕적으로 순수하시다. 오직 한 분만이 의롭고 깨끗하고 무결하고 흠 없고 완전하시다. 그분은 바로 하나님이시다! 우리가 이것을 그분 앞에서 고백한다면 마음의 안정을 얻을 수 있다.

우리의 존재에 대한 회개

오늘날 우리의 잘못 중 하나는 회개가 충분하지 않다는 것이다. 우리가 더 이상 회개하지 않는 이유는 우리의 행위에 대해서는 회개하지만, 우리의 존재에 대해서는 회개하지 않기 때문이다.

행위에 대한 회개도 깊이 해야겠지만, 존재에 대한 회개는 더 깊이 해야 한다. 하나님의 존재와 이사야의 존재는 극명하게 대조되었다. 그분에게는 신성(神性)의 절대적 거룩함이 있었고, 이사야에게는 흠과 점으로 얼룩진 더러운 본성이 있었다. 이것을 본 하나님의 사람은 자신이 절대적으로 더러운 존재라고 느끼지 않을 수 없었다.

지성이 느낄 수 없는 것을 마음이 느낀다

그렇다면 이제 우리는 우리의 이해력을 무력화하고 우리의 지성을 깜짝 놀라게 하는 신비에 대해 이야기하지 않을 수 없다. 아무 말 없이 겸손한 마음으로 하나님 앞에 나아가는 것은 말로 표현할 수 없는 신비 앞에 서는 것이다. 나는 우리가 우리의 기독교 신앙 안에 신비(mystery)를 위한 공간을 늘 남겨두어야 한다고 믿는다. 그렇지 않으면 복음주의적 이성주의자가 되어, 모든 것을 설명할 수 있다는 착각에 빠지게 된다.

나는 우리가 모든 것을 설명할 수 있다고 믿지 않는다. 하나님나라의 모든 부분에는 신비가 있다. 마치 모든 자연 세계에 신비가 있듯이 말이다. 가장 지혜롭고 가장 정직한 과학자는 자기가 아는 것이 사실상 아무것도 없다고 말할 것이다.

보좌에 앉으신 하나님을 마음의 눈으로 만났거나 본 그리스도인은 '신탁(神託)을 전하는 사제' 노릇을 더 이상 하지 않을 것이다. 모든 것을 아는 체하지 않을 것이다. 자기와 약간의 의견 차이를 보이는 사람을 비판하기를 원치 않을 것이다.

우리는 신비를 위한 공간, 즉 하나님이라는 신비를 위한 공간을 남겨두어야 한다. 그런데 그 신비에 어울리지 않는 것은 유창함이다. 어떤 사람이 너무 유창하게 기도하는 것을 볼 때 나는 그가 아무것도 보지 못한다고 생각하게 된다. 물론 지금 나는 성령의 기름 부음으로 인하여 갑자기 열정에 사로잡혀 기도하게 되는 특별한 경우에 대해 말하는 것이 아니라, 신자의 개인적인 표현 능력으로 기도하는 일반적인 경우에 대해 말하는 것이다. 우리가 너무 유창하게 기도하면, 보는 것이 별로 없을 것이다.

마땅히 두려워해야 할 '지극히 크신 분'

보좌에 앉으신 하나님을 보는 것은 두려움의 감정을 체험하는 것이다. 거기에는 불길하고 두렵고 무서운 무엇인가가 있다. 이사야는 그가 쓴 이사야서의 한 구절에서 "우리 중에 누가 영영히 타는 것과 함께 거하리요"(사 33:14)라고 묻는다.

나는 설교자들이 이 구절을 설교 본문으로 삼아 지옥에 대해 설교하면서 청중에게 "어떤 사람이 지옥에 가는 것입니까?"라고 묻는 것을 들었다. 그러나 그런 설교자들은 이 구절을 너무너무 잘못 짚은 것이다! 이 구절은 지옥에 대해 말하는 것이 아니다. 왜냐하면 자신의 질문에 대해 스스로 이렇게 대답하기 때문이다. "오직 공의롭게 행하는 자, 정직히 말하는 자, 토색한 재물을 가증히 여기는 자, 손을 흔들어 뇌물을 받지 아니하는 자, 귀를 막아 피 흘리려는 꾀를 듣지 아니하는 자, 눈을 감아 악을 보지 아니하는 자"(사 33:15).

에스겔서 1장에는 에스겔이 낙심과 절망에 빠져 그발 강가에 앉아 있었다는 기록이 나온다. 하나님께서 하늘을 여셨을 때 에스겔이 그분을 보았다. 그리고 그는 불로부터 네 생물이 나오는 것을 보았다. 우리 그리스도인들은 불에서 나오는 남자들과 여자들이 되어야 한다.

우리는 완전히 정상적이고 건전해야 한다. 유머 감각도 길러야 한다. 온전히 지혜롭고 분별력 있어야 하고, 야고보만큼 실제적이어야 한다. 하지만 그러면서 동시에 우리 영혼의 윗부분이 신비에 대해 열려 있어야 한다. 우리의 위쪽 창문이 신비이신 하나님을 향해 열려 있어야 한다. 모든 그리스도인은 걸어 다니는 기적(a walking miracle)이 되어야 하지 설명될 수 있는 사람이 되어서는 안 된다.

하나님은 거룩하시다. 거룩하시기 때문에 죄에 대해서는 격렬하게 적대적이시다. 그러실 수밖에 없다. 그분은 영원히 죄에 대항하여 타오르고, 타오르고, 또 타오르신다. 어떤 영적 체험이나 어떤 성경 해석이 죄에 대한 당신의 증오를 감소시킨다면 그것을 허락하지 말라. 인류를 파멸로 몰아넣은 것은 죄였다. 주님을 십자가에서 돌아가시도록 만든 것은 죄였다. 모든 감옥과 병원과 정신병원을 사람들로 꽉꽉 채운 것은 죄이다. 세상의 시작부터 지금까지 있었던 모든 살인과 이혼과 범죄는 죄 때문에 생겼다. 이 두렵고 거룩하신 하나님 앞에서 죄는 일탈에 의한 기형일 뿐이다.

'망하게 된 나'를 보좌 앞에서 체험하라

이사야는 허상을 본 것이 아니라 실제로 존재하는 것을 보았다. 무엇이 존재한다고 상상하는 것과 실제로 존재하는 것을 보는 것은 다르다. 우리도 눈을 뜨면 하나님을 볼 수 있는데, 왜냐하면 어디에나 그분이 계시기 때문이다.

낯설지 않은 땅에서

하나님의 나라가 네 안에 있고,
유구한 세월 천사들이 그들의 자리를 지키고 있다
돌 하나만 파내고, 날갯짓하라
바로 너희가, 옆으로 돌린 너희 얼굴이
저 다양한 장관(壯觀)을 보지 못한다

- 프랜시스 톰슨 -

그렇다! 우리의 얼굴이 하나님을 향하지 않고 다른 곳을 보기 때문에 저 다양한 장관(壯觀)을 보지 못한다. 그러나 우리와 달리 이사야는 하나님, 즉 아브라함과 이삭과 야곱의 하나님을 보았고, "나여 망하게 되었도다"(사 6:5)라고 소리쳤다. 이 사건을 가리켜 어떤 이는 "자신을 낮추어 완전히 바닥으로 끌어내린 것"이라고 표현했다.

나는 우리가 밖으로 나가 세상을 이런저런 방법과 테크닉으로 회심시키려고 애쓰는 것이 아닌가 하고 걱정한다. 밖으로 나가 "내가 할 수 있다!"라고 말하고 싶은 마음이 우리의 무의식 속에 자리 잡고 있는 것은 아닌가 하는 염려가 생긴다.

내 형제여, 그렇게 하면 안 된다! 당신이 세상의 모든 교육 기관을 전부 다니며 모든 학문을 배우고 모든 책을 다 읽고 이 세상의 모든 지식을 다 모은다 해도, 성령께서 당신을 세상으로 보내며 맡기시는 일을 이루는 데에는 부족하다.

물론 성령께서는 당신의 기술과 재능을 사용하실 것이다. 그것은 전혀 문제 될 것이 없다. 그분은 당신의 기술과 재능을 통해 일하실 것이다. 그러나 당신의 힘으로 이룰 수 있는 것은 없다. 당신은 망해야 한다. 하나님이 사용하시는 사람은 '망한 사람'이다. 보좌에 앉으신 하나님을 본 사람은 망한 사람이다.

이사야는 경외심에 압도되었고, 그의 모든 세계는 갑자기 녹아서 방대하고 영원한 백색(白色)으로 변했다. 그는 "나는 … 왕을 뵈었음이로다"(사 6:5)라고 말했다.

그런데 이사야는 어떤 사람이었는가? 그가 범죄자, 살인자, 술꾼, 거짓말쟁이였는가? 그렇지 않았다. 그런 부류의 사람이 아니었다. 그는 교양 있고 세련된 젊은이였다. 왕의 사촌이었고, 자신의 노력으로 시인이 된 사람이었다. 그는 선한 사람이었다. 나는 본능적으로 그의 절반만큼이라도 선해지기를 바란다.

본질적인 질문을 던지자면, 말로 표현할 수 없을 만큼 거룩한 하나님의 거룩하심에 필적하는 지극히 순수한 도덕성이 인간에게 있는가? 그런 도덕성이 없었다는 것이 이사야의 문제였다. "나여 망하게 되었도다"(사 6:5)라는 그의 외침에는 "지금 나는 거룩하신 창조주와 완전히 대조되는 피조물의 망할 수밖에 없는 운명을 체험하고 있다"라는 의미가 들어 있다.

나는 사람들에게 신상 기록카드를 쓰게 한 후 그들을 교인으로 받아들이는 전도 방법을 좋아하지 않는다. 그리스도인이 되려면 고통스러운 외침이 있어야 한다고 나는 생각한다. 내면으로부터의 출생이 있어야 한다. 거룩하고 거룩하고 거룩한 하나님과 극명하게 대조되는 우리 자신을 보고 공포를 느끼는 체험이 있어야 한다. 그 정도의 체험이 없다면 우리의 회개는 깊은 것이 아니다. 우리의 회개가 깊지 않다면, 그리스도인으로서 우리의 체험도 깊지 않을 것이다.

이사야가 고통 중에 외쳤지만, 그것은 그가 행한 것 때문이 아니었다. 이 사실은 그가 단 하나의 죄도 언급하지 않았다는 것에서 증명된다. 그의 고통스러운 외침은 그의 존재 자체 때문에 터져 나왔다. 그는 타락한 인간이었다. 그는 자기가 경외하는 하나님 앞으로 감히 나아갈 수 없다는 것을 깨달은 사람이었다. 그래서 "나여 망하게 되었도다"라고 외쳤다.

우리가 부패한 존재임을 알라

우리는 "우리도 이사야처럼 더러운가?"라고 묻지 말고 "우리도 이사야처럼 우리의 더러움을 깨달았는가?"라고 물어야 한다. 그는 깨끗하지 못했지만 감사하게도 그것을 깨달았다. 지금 이 세상은 더러우면서도 그것을 알지 못한다. 불결하면서도 그것을 모르는 것이야말로 무서운 결과를 낳는데, 바로 거기에 세상의 문제가 있다. 현재 교회의 문제도 그것이다. 개신교의 문제도 그것이다. 우리는 더러우면서도 그것을 알지 못한다!

우리는 더러우면서도 그것을 알지 못하기 때문에 담대하고 자신감 넘치며, 우리 자신의 거룩함에 대해 완전히 오해한다. 자신의 불결함을 알지 못하는 우리는 거짓된 자신감에 빠졌고, 소망으로 들어가는 입구를 스스로 막아버렸다. 우리가 보좌에 앉으신 하나님을 우리의 눈으로 본다면, 또 믿음과 내적 조명이라는 복을 받아 하나님의 거룩함을 조금이라도 본다면 우리의 부패함에 대해 더 이상 이견(異見)이 없을 것이다.

이사야가 "나여 망하게 되었도다"라고 말했을 때 하나님께서는 스랍에게 "가라!"고 말씀하셨고, 스랍 중 하나가 이사야에게 날아와 핀 숯을 그의 입술에 대었다.

이사야는 깨끗하게 되었다! 그의 본성을 상징하는 그의 입술이 불로 깨끗하게 되었다. 그리고 그는 "네 악이 제하여졌고"(사 6:7)라는 말을 들었다. 여기서 우리는 이른바 '도덕적 순결의 회복'에 대한 깨달음을 보게 된다. 이사야는 자기가 악하다는 것을 알았지만, 그의 도덕적 순결이 회복되었다는 것도 알게 되었다.

오, 하나님의 은혜가 얼마나 놀라운가! 이사야처럼 두렵고 굴욕적인 체험을 하는 순간, 우리는 우리가 얼마나 악한지를 깨닫게 된다. 그런 체험을 하고, 핀 숯이 우리의 삶에 닿고, 우리가 우리의 깊은 악을 고백하고, 우리의 악함과 행위적 범죄와 비행위적 범죄를 인정하게 되면 하나님의 은혜의 불이 우리에게 닿을 것이고, 우리는 도덕적 순결을 회복했다고 느끼게 될 것이다.

하나님의 용서의 사랑이 도덕적 순결을 회복시켜주면, 그 후에는 우리가 그분을 섬길 수 있게 된다. 그분은 "내가 누구를 보내며 누가 우리를 위하여 갈꼬"(사 6:8)라고 말씀하셨다.

그때 이사야는 "나를 보내소서"(사 6:8)라고 말씀드렸다. 그 과정을 통해 하나님께서 그의 시대를 위한 음성으로 사용하실 사람이 태어났다. 그는 악이 제거된 사람이었다.

오, 하나님! 당신을 우리에게 보여주시어 우리가 완전히 바닥까지 낮아지게 하소서. 그런 다음 우리를 다시 높이시고 보내소서. 그리하시면 우리가 가서 이 백성에게 전할 것이나이다. 아멘. 아멘.

chapter
17

마지막 선지자
예수 그리스도

옛적에 선지자들을 통하여 여러 부분과 여러 모양으로 우리 조상들에게 말씀하신 하나님이 이 모든 날 마지막에는 아들을 통하여 우리에게 말씀하셨으니 이 아들을 만유의 상속자로 세우시고 또 그로 말미암아 모든 세계를 지으셨느니라 _히 1:1-2

이제까지 역사 속에서 하나님의 선지자들은 하나님의 백성에게 주어지는 그분의 음성이었다. 어떤 선지자도 메시지를 스스로 만들어내지 않았다. 심지어 자청해서 선지자가 된 사람도 없었다. 그분의 선지자들은 매우 특별한 방법으로 부름을 받았는데, 그분의 부름은 그들이 어떤 사람들이었느냐에 따라 좌우되는 것이 아니었다. 그들이 하나님의 부름을 받은 것은 하나님께 사용되겠다는 의지를 갖고 하나님의 조건들을 충족시켰기 때문이다. 하나님의 방법으로 그분에 의해 사용되겠다는 의지를 가진 사람이 있다면 그분은 누구라도 사용하실 것이다.

하나님의 일을 위해 자신의 재능이 사용되면 좋겠다고 자청해 나서는 사람들이 우리 주변에 너무 많다. 그러나 하나님은 그런 사람들을 사용하지 않으신다. 우리의 재능이 그분의 일 하심에서 중심이 되는 것을 그분은 용납하지 않으신다. 우리의 재능은 그분이 우리에게 주신 것이지만, 그분이 일하시기 위해 사용하시는 도구에 불과하다. 재능 자체가 목적이 아니다.

모든 선지자는 서로서로 달랐다. 심지어 엘리야와 엘리사도 몇 가지 점에서는 비슷했지만 전혀 다른 사람이었고, 하나님의 목적에 따라 서로 다르게 사용되었다. 하지만 그러면서도 모든 선지자에게 두 가지 공통점이 나타났다. 비록 그들이 매우 다양한 배경을 가졌고 여러 면에서 달랐지만, 선지자의 사역에 있어서 꽤 의미심장한 두 가지가 있었다.

음성의 근원

그들은 그들의 시대에게 선포되는 음성의 역할을 했는데, 그들을 하나로 묶어주는 것은 그 음성의 근원이었다. 중요한 것은 그들의 문화 속으로 던져진 그들의 음성이 아니라 하나님의 음성이라는 것이다. 결국 선지자의 일을 감당하기 위해서는 하나님께 완전히 굴복한 사람을 통해 나오는 하나님의 음성이 중요했다. 역사의 흐름 속에서 선지자들은 바뀌었지만 음성은 언제나 동일했다. 그 음성은 하나님의 메시지를 그분의 백성에게 전달하는 선지자의 음성이었다.

선지자들의 삶과 사역 그리고 그들의 문제 제기를 분석해보면, 표면적으로는 그들이 직면한 상황이 매우 다양해 보일 것이다. 그 상황들은 그때그때 달랐다. 그러나 이것은 어디까지나 겉모습일 뿐이었다. 모든 선지자의 사역을 깊이 들여다보면 거기에는 하나의 공통적인 특징이 나타난다.

그들에게는 하나님으로부터 오는 공통의 음성이 있었다. 그리고 그들은 하나님의 백성에게서 공통적인 문제를 보았다. 그들이 어떤 상황에 처했든지 간에 선지자의 음성은 공통적인 문제를 지적했다. 많은 경우 그것은 이스라엘을 여호와로부터 갈라놓는 우상이었다.

위를 향한 초점

선지자들의 초점은 언제나 위를 향했다. 그들의 메시지는 위로부터 왔고, 그 메시지의 목적은 백성의 관심을 산 위에 앉아 계신 분께로 돌리는 것이었다. 그들의 초점은 아브라함과 이삭과 야곱의 하나님께 향했다. 비록 그들의 조상들은 떠났지만, 그들의 조상들의 하나님은 여전히 보좌에 앉아 계셨다.

각각의 시대가 직면했던 문제는 이스라엘과 하나님 사이에 무엇인가 끼어들었다는 것이다. 그 무엇인가는 "가장 높은 구름에 올라가 지극히 높은 이와 같아지리라"(사 14:14)라는 사탄의 선언에서 시작되었다. 이것이야말로 하나님에 맞서는 반역의 완벽한 예이다. 이 선언은 그때부터 지금까지 메아리쳐 왔다.

반역은 에덴동산에서 인류 안으로 흘러들어와 인간의 타락을 낳았다. "그런데 뱀은 여호와 하나님이 지으신 들짐승 중에 가장 간교하니라 뱀이 여자에게 물어 이르되 하나님이 참으로 너희에게 동산 모든 나무의 열매를 먹지 말라 하시더냐"(창 3:1). 이것이 하나님과 하나님의 말씀에 대한 대반역의 시작이었다.

반역은 심지어 예수님이 광야에서 마귀에게 당하신 시험에서도 드러났다. "마귀가 이르되 네가 만일 하나님의 아들이어든 이 돌들에게 명하여 떡이 되게 하라"(눅 4:3). 마귀의 시험에 예수님은 "기록된 바 사람이 떡으로만 살 것이 아니라 하였느니라"(눅 4:4)라고 대답하셨다.

우리 시대의 최대 도전은 원수가 하나님의 음성을 틀어막으려 한다는 것이다. 그러므로 우리에게 필요한 것은 하나님의 남자들과 여자들이 그 도전에 맞서 일어나 이 시대를 위한 음성이 되어 "기록된 바!"라고 외치는 것이다.

모든 예언의 완전한 성취

신약에서 예수 그리스도를 만나는 것은 하나님이 그분의 백성에게 주시는 마지막 음성을 듣는 것이다. "이 모든 날 마지막에는 아들을 통하여 우리에게 말씀하셨으니"(히 1:2). 하나님의 아들의 음성, 바로 그것이 마지막 말씀이다!

우리의 관심의 초점이 되어야 할 것은 모든 선지자의 음성이 전부 예수 그리스도와 그분의 성취를 지향했다는 사실이다. 선지자들의 음성을 이해하려면 그들이 무엇에 대해 말했느냐를 이해해야 한다. 아니, 무엇에 대해 말했느냐보다는 누구에 대해 말했느냐고 표현하는 것이 더 정확할 것이다.

모든 선지자가 그들의 예언의 궁극적 도착지를 알았다고 말하기는 힘들 것 같다. 하지만 다니엘은 그것을 알았다고 생각한다. 그리고 이사야는 나머지 선지자들보다 더 많이 알았을 것이다. 그런데 선지자들의 음성과 관련하여 중요한 것은 순종이었다. 그들이 처했던 상황은 각기 달랐지만, 그들의 순종은 그들의 모든 예언의 성취이신 그리스도께로 인도하는 생명의 길이었다.

하나님은 여러 음성이 하나의 음성으로 귀결되도록 만드셨는데, 마지막 음성이신 예수 그리스도께서 모든 음성의 최종 완성이셨다.

인류와 하나님을 화해시킨 음성

예수님은 자신에 대해 "나는 알파와 오메가라 이제도 있고 전에도 있었고 장차 올 자요 전능한 자라 하시더라"(계 1:8)라고 증언하셨다. 이것은 단지 시적(詩的)이나 종교적인 용어의 사용이 아니다. 예수 그리스도는 그분이 만유의 시작과 끝이시며, 그 사이의 모든 것이라고 주장하신 것이다. 선지자들이 인류 역사의 초기에 했던 예언들은 장차 오실 그리스도 안에서 성취될 것이었다.

바울은 그리스도에 대해 이렇게 말한다.

> 만물이 그에게서 창조되되 하늘과 땅에서 보이는 것들과 보이지 않는 것들과 혹은 왕권들이나 주권들이나 통치자들이나 권세들이나 만물이 다 그로 말미암고 그를 위하여 창조되었고 또한 그가 만물보다 먼저 계시고 만물이 그 안에 함께 섰느니라 그는 몸인 교회의 머리시라 그가 근본이시요 죽은 자들 가운데서 먼저 나신 이시니 이는 친히 만물의 으뜸이 되려 하심이요 아버지께서는 모든 충만으로 예수 안에 거하게 하시고 _골 1:16-19

모든 예언은 예수 그리스도 안에서 성취되었다. 그분을 떠나서는 어떤 예언도 완전히 이해될 수 없었다. 선지자들의 예언이 그리스도의 출현을 바라는 대망의 틀(mold)을 깔아놓은 것이 아니라, 그리스도께서 예언을 위한 틀을 처음부터 깔아 놓으셨던 것이다.

요한계시록에는 '죽임을 당한 어린 양'(계 13:8)이라는 표현이 나온다. 선지자들의 음성이 진리였다는 것은 마지막 말씀을 정말로 갖고 계신 예수 그리스도에 의해 입증되었다. 모든 예언의 완성이신 예수 그리스도는 반역적인 남자들과 여자들의 세상 앞에 서 계시지만, 그들의 반역에 위축되거나 흔들리지 않으신다.

호세아 선지자는 이것에 대해 "여호와께서는 한 선지자로 이스라엘을 애굽에서 인도하여 내셨고 이스라엘이 한 선지자로 보호받았거늘"(호 12:13)이라고 설명한다. 선지자들은 예수 그리스도의 전조(前兆)였다. 호세아가 언급한 분은 그리스도이시다. 이스라엘을 애굽에서 인도하여 내셨고 오늘날까지도 이스라엘을 보호하신 분은 그리스도이시다. 선지자들은 모두 하나님의 음성을 그분의 백성에게 전달하였다.

요한은 그의 복음서를 "태초에 말씀이 계시니라 이 말씀이 하나님과 함께 계셨으니 이 말씀은 곧 하나님이시니라"(요 1:1)라는 말로 시작한다. 또 요한은 요한일서에서 이것에 대해 더 자세히 언급한다. "태초부터 있는 생명의 말씀에 관하여는 우리가 들은 바요 눈으로 본 바요 자세히 보고 우리의 손으로 만진 바라"(요일 1:1).

성경 전체는 모든 예언의 완성이신 그리스도에 대해 우리에게 무엇이라고 말할까?

선지자들은 일관된 주제에 대해 말했다

성경이 그리스도에 대해 우리에게 말해주는 것은 선지자들이 그토록 오랜 세월 동안 다루었던 주제에 일관성이 있었다는 것이다. 그들이 무엇을 말했는지를 알고, 그들의 메시지에 매우 중요한 부분을 이해하기 위해서 우리는 예수 그리스도를 보고 그분께 초점을 맞추어야 한다. 그들이 어디에 있었든지, 무엇에 대해 이야기했든지 간에 그들의 음성의 초점은 그리스도이셨다.

선지자들의 예언의 주제보다 더 많은 반향을 불러일으키는 주제는 없다. 나는 이 주제가 영원히 반향을 불러일으킬 것이라고 믿는다. 시간이 시작되기도 전에 그리스도가 계셨다. 시간은 일시적인 것으로 조각에 불과하다. 그리스도가 누구신지 알기를 원한다면, 요한계시록 1장에 나오는 그분을 보아야 한다.

요한계시록 1장의 주제는 만유 위에 계신 최고의 통치자 그리스도이시다. 그분은 창조자, 구속자 그리고 모든 생명의 보호자이시다. 모든 선지자의 음성은 "예수 그리스도가 답이시다"라는 진리에 초점을 맞춘다.

선지자들과 달리 우리는 과거에 이미 오신 그리스도를 보는 이점이 있다. 흔히 말하듯이, 과거의 일을 되돌아보면 너무 잘 보인다! 다 맞추어진 퍼즐을 보는 사람은 그 퍼즐이 어떻게 들어맞는지 완벽하게 이해하게 된다.

그러나 자기들의 시대에 하나님의 음성이 되었던 하나님의 사람들은 보이는 것에 따라 행하지 않고 믿음에 따라 행하였다. 그들은 어떻게 해야 퍼즐이 들어맞는지를 알려고 애쓰지 않았다. 무릎을 꿇어 하나님께 절대적으로 순종했을 뿐이다! 선지자들의 음성에서 주목할 만한 특징은 그들의 초점에 일관성이 있었다는 것이다.

선지자들은 이상과 현실의 충돌을 경험해야 했다. 선지자들은 사람들에게 메시지를 전했지만, 사람들은 자기들에게 아무 문제가 없다고 생각했다. 그들은 좋은 생각을 하면 만사가 잘 풀릴 것이라고 믿었다. 오늘날도 많은 이들이 그들처럼 믿는다. 긍정적인 생각을 머릿속에 갖고 있으면 삶에서도 긍정적인 결과가 나올 것이라는 말이 떠돈다. 하지만 유감스럽게도, 선지자가 나타나 진리를 분명히 말해주기를 바라는 사람은 없다.

하나님의 음성이 참되다는 것은 음성이 전한 메시지의 참됨에서 입증되었다. 예수 그리스도께서 마지막 선지자로서 말씀하시면 우리는 현재의 모든 피상적 이데올로기를 반박하는 진리를 우리의 상황 속에서 느끼게 된다.

선지자들은 공격받았고 오해받았다

주 예수 그리스도를 포함하여 모든 선지자는 공격받았고 오해받았다고 말해도 무방할 것이다. 모든 선지자에게는 비판자들, 방해자들 그리고 수군거리는 자들이 늘 따라붙었다.

언제나 선지자의 음성은 참된 종교 가운데 끼어 있는 거짓 종교를 겨냥한다. 모든 선지자는 공개적으로 비판을 많이 했고 판단을 많이 했다. 그들은 진실과 거짓을 끊임없이 구별했다.

산 위에서 모든 바알 선지자들에 맞섰던 엘리야를 보라. 엘리야는 혼자서 거짓에 맞서 싸웠다. 용기 없는 사람은 그렇게 하지 못할 것이다. 그런데 용기는 우리가 우리의 내부로부터 끌어낼 수 있는 것이 아니다. 엘리야 같은 선지자들이 그 시대를 위해 일할 수 있었던 것은 그들 안에 무언가 있었기 때문이다. 그들 중 많은 이들이 배척받았고, 그들 중 대부분이 그들의 메시지 때문에 순교했다. 순교한 모든 선지자는 십자가에서 예수 그리스도 안에서 성취된 예언이었다. 그들이 당한 모든 거부는 예수 그리스도 안에서 성취되었다.

구약의 모든 선지자는 예수 그리스도를 고대했지만, 지금 우리는 그분이 돌아가신 십자가를 되돌아본다. 우리가 섬기는 분은 돌아가신 그리스도가 아니라 영원히 살아 계신 그리스도이시다. 그분이 사망에 묶여 있을 수 없었다는 사실은 그분의 메시지가 진리였다는 것을 증명해준다. 예수 그리스도의 부활은 그분의 말씀과 가르침이 절대적으로 진리라는 것을 입증했다.

마지막 선지자의 음성은 여전히 말씀하고 계신다

우리가 지금 성령의 능력과 나타남 가운데 전진할 수 있는 것은 하나님의 마지막 음성이신 예수 그리스도께서 영원히 살아 계시기 때문이다. 우리는 먼지 쌓인 역사 기록에서 그분을 발견하지 않는다. 속량 받은 모든 남자와 여자와 아이들의 마음 안에서 그분을 발견한다. 그분은 영원히 살아 계시고, 그분의 음성은 모든 신자의 마음 안에 울려 퍼진다.

예수님이 십자가에서 돌아가셨을 때 하나님의 원수들은 자기들이 하나님의 음성을 영원히 잠재웠다고 생각했다. 나는 그들의 생각이 틀린 것에 너무 감사한다. 그들은 사흘간 승리를 즐거워했지만, 그 즐거움은 제 삼일에 끝났다. 예수님의 원수들을 무엇이라고 부르든 간에, 그분은 그들을 이기고 승리의 부활을 이루셨고, 이제 영원히 살아 계신다. 그분의 메시지는 영원토록 계속된다.

신자들이 메시지를 계속 전해야 한다

예수님께서 그분의 승천 전에 제자들에게 하신 마지막 말씀 중 하나는 이렇다. "그러므로 너희는 가서 모든 민족을 제자로 삼아 아버지와 아들과 성령의 이름으로 세례를 베풀고 내가 너희에게 분부한 모든 것을 가르쳐 지키게 하라 볼지어다 내가 세상 끝날까지 너희와 항상 함께 있으리라 하시니라"(마 28:19-20).

그리스도는 세상에 전해야 할 메시지를 우리에게 주셨다. 메시지는 계속되고 있고, 그분은 오늘도 살아 계신다. 그분이 살아 계시기 때문에 메시지 또한 그분의 부활의 능력 가운데 계속 살아 있다.

선지자들의 모든 메시지는 주 예수 그리스도 안에서 하나로 모이고, 그리스도의 메시지는 신자들을 통해 전달된다. 우리에게는 마지막 음성이 있는데, 우리는 "주 여호와께서 이렇게 말씀하셨느니라"(겔 20:3)라는 말씀을 반드시 들어야 할 세상에 이 음성을 전해야 한다. 성령의 기름 부음을 내포한 유일한 메시지가 이 마지막 음성 안에 담겨 있다.

   모든 선지자가 그들의 시대를 위한 음성이었다면, 그리고 그리스도께서 마지막 궁극적 음성이셨다면, 이제 우리는 성령의 능력과 나타남 가운데 그 음성을 우리 시대에 전해야 한다.

   오, 주 예수 그리스도시여! 오늘날 당신의 음성이 우리의 마음속에서 울려 퍼지기 때문에 우리는 온 세상으로 들어가 당신의 복음의 전달자가 되지 않을 수 없나이다. 이것을 우리가 당신의 고귀한 이름으로 행하나이다. 아멘.

chapter
18

하나님의 영광을
탐내지 마라

하나님이여 주는 하늘 위에 높이 들리시며 주의 영광이 온 세계 위에 높아지기를 원하나이다 _시 57:11

나는 다윗이 고난을 아주 많이 겪은 것에 감사한다. 그가 고난에서 벗어난 방법은 우리가 오늘날 고난에서 벗어나는 방법이기 때문이다. 실패한 사람이 그의 실패 때문에 하나님께 굴복하게 되었다면, 우리는 성공한 사람보다 실패한 사람에게서 더 많이 배울 수 있다.

다윗이 가드 왕 아기스에게 벗어나 그 유명한 아둘람 동굴로 피했다. 그때 다윗에게로 모인 사람들을 가리켜 성경은 "환난당한 모든 자와 빚진 모든 자와 마음이 원통한 자"(삼상 22:2)라고 표현한다. 그들은 어디에서도 적응할 수 없었기 때문에 다윗에게로 모였다.

시인이었던 다윗은 고난을 당했을 때 자신의 고난을 아주 생생한 비유로 표현했다. "내 영혼이 사자들 가운데에서 살며 내가 불사르는 자들 중에 누웠으니 곧 사람의 아들들 중에라 그들의 이는 창과 화살이요 그들의 혀는 날카로운 칼 같도다"(시 57:4).

이것이 그가 그의 곤경을 묘사한 글이다. 그의 원수들이 구덩이를 파놓았고, 곳곳에 부비트랩(booby-traps)을 설치해놓았기 때문에 그는 정말 곤경에 처해 있었다.

어떤 사람이 큰 고난을 당해 사면초가에 빠져 있으면 그때 그 사람의 진면목이 드러나는 법이다. 그런 상황에서 그가 어떻게 하는지를 보면 그가 어떤 사람인지 알 수 있다.

다윗은 하나님께 배운 사람이며 하나님의 마음에 합한 사람이었기 때문에 많은 이들이 범하는 실수를 범하지 않았다. 그는 "오, 하나님! 저를 높이소서. 하나님이시여, 제가 당신의 종인 것을 이 백성에게 보이소서. 제가 저의 원수들보다 높아지게 하소서"라고 기도하지 않았다. 만일 그가 그렇게 기도했더라도 그를 비난할 사람은 아무도 없었을 것이다. 하지만 그는 자기가 처한 상황의 본질을 꿰뚫어 보았기 때문에 전혀 다르게 기도했다.

다윗은 "하나님이여 주는 하늘 위에 높이 들리시며 주의 영광이 온 세계 위에 높아지기를 원하나이다"(시 57:11)라고 기도했다. 그는 그가 높아지는 것이 그에게 일어날 수 있는 최악의 일이라는 것을 알았다. 즉, 자신이 높아지는 것이 승리로 가는 지름길처럼 보이지만 사실은 매우 위험한 것임을 간파했다. 그는 하나님께서 그와 그의 고난 사이에 오시도록 하면, 그의 고난이 사라지고 결국 자기가 아무 해도 입지 않고 무사할 것임을 알았다. 그렇기 때문에 하나님께서 높임을 받으시도록 기도했던 것이다.

다윗의 그런 태도는 신학적으로 볼 때 건강한 것이다. 하나님께서 하늘과 땅을 지으셨을 때 만드신 질서는 하나님이신 그분이 첫째가 되는 것이었다. 순서에 있어서 그분이 첫째가 되셔야 했는데, 실제로 그분이 첫째이시다.

그분은 제1 원인이시고, 신분과 지위에서 제일 위에 계시고, 위엄과 영광 가운데 높이 들린 분이시다. 그분은 모든 도덕적 피조물의 마음속에서 첫 번째 자리를 차지하셔야 했다. 이것이 그분이 창조하신 하늘과 땅의 질서였다.

이것은 하나님이 독단적으로 결정하신 질서가 아니었다. 그분은 "나는 나를 찬양할 세상을 만들겠다"라고 말씀하시지 않았다. 우리가 그분이 누구신지 또 그분이 어떤 존재이신지를 생각한다면, 그분이 첫째가 되시는 것을 당연히 여길 것이다. 도덕적 존재들을 창조하고 그들이 거주할 환경을 만드실 때 그분은 그분의 본질에 근거하여 그렇게 하셔야 했다. 그분의 영광이 온 하늘 위에 높아지는 것은 당연하다.

하나님의 영광은 지극히 높은 영광이다

우리가 반드시 기억해야 할 한 가지는 우리의 삶의 제일(第一) 목적이 영혼 구원이 아니라 하나님의 영광이라는 것이다. 언제나 영혼 구원은 하나님의 영광 다음으로 중요하다. 그분이 더 많이 영광을 받으실수록 더 많은 영혼이 구원을 얻는 것이 인자와 사랑의 하나님께서 그분의 본성에 따라 정하신 법칙이다. 그러므로 먼저 그분께 영광을 돌리는 것이 더 지혜로운 전도 방법이다.

주기도문에서 첫 번째 기도는 "이름이 거룩히 여김을 받으시오며"(마 6:9)이다. 하나님께서 높아지시려면, 우리가 그분을 제일 첫째로 높여드리려면, 우리의 생각과 구제와 삶과 가정과 사업과 직업에서 그분에게 첫 번째 자리를 드려야 한다. 그분은 우리의 삶에서 첫째가 되셔야 한다.

삼위일체이신 하나님은 만유에서 제일 높은 분이시다. 그분이 제일 높은 곳에 계실 때 우주의 건강이 회복된다. 왜냐하면 거꾸로 뒤집혀 있다는 것이 타락한 세상의 문제이기 때문이다. 그러나 인간은 하나님께 두 번째 자리를 드린다. 실제로 그분이 두 번째 자리를 취하시는 적은 없지만, 타락한 인간의 마음은 그분께 두 번째 자리를 드리고 언제나 자기를 첫 번째로 높인다.

우리가 적십자사에 1달러를 기부하면 그곳에 기부했다는 것을 말해주는 빨간색 깃털을 달게 된다. 이것은 우리를 높이는 것이다. 우리는 언제나 하나님께 두 번째 자리를 드리는데, 이것은 언제나 건강하지 못한 것이다. 이런 일은 세상 어느 곳에서 일어나든지 간에 그곳을 반드시 병들게 한다.

하나님의 속량의 목적은 올바른 질서를 회복하여 온 우주에 건강을 선물하는 것이다. 그분 홀로 보좌에 앉아 계시지만, 모든 사람의 마음에는 보좌가 있다는 것을 알아야 한다.

어차피 그 보좌에는 하나님이 앉으시든지 아니면 인간이 앉게 된다. 세상의 문제는 모든 이들이 자기의 보좌에 앉아 있다는 것이다.

이사야는 우리에게 죄의 본질을 이렇게 정의해주었다. "우리는 다 양 같아서 그릇 행하여 각기 제 길로 갔거늘 여호와께서는 우리 모두의 죄악을 그에게 담당시키셨도다"(사 53:6). 이 말씀에서 핵심적인 부분은 "우리는 다 양 같아서 그릇 행하여 각기 제 길로 갔거늘"이다. 하나님의 길로 가지 않고 자기의 길로 가는 것이 죄의 본질이다. 자기의 길을 가는 것에는 반역, 불신앙, 이기심, 완고함이 모두 내포된다.

자기의 길을 가는 것이 오늘날 이 세상의 잘못이다. 하나님은 전혀 자리를 갖지 못하시거나 설령 자리를 차지하신다 해도 두 번째, 세 번째 아니면 네 번째 자리를 차지하신다.

자신이 곤경에 처했음을 깨달은 다윗은 하나님께 합당한 자리를 드리는 것이 그 곤경에서 벗어날 수 있는 길이라는 것을 알았다. 그가 그의 마음과 생각 속에서 하나님께 첫 번째 자리를 드렸을 때 그의 보호자가 그를 찾아오셨다.

우리는 이런 질문으로부터 시작해야 한다. 하나님은 우리 중에서 어떤 자리를 차지하고 계시는가?

자신을 그리스도인이라고 부르며 어느 정도 기도도 하는 사람들이 자신의 현재의 태도에 만족하고 마는 경향이 있다. 그러나 하나님께서 우리 마음속에서 어떤 자리를 차지하고 계신지는 언제나 우리의 말이 아니라 우리의 행위에서 확인되는 법이다.

이제 나는 몇 가지 질문을 던지겠다. 아침에 일어났는데 짜증이 일어나고 불평이 생기면 흔히 우리는 자유주의자들을 비판하는 설교를 하게 된다. 내 기억에 따르면, 올리버 웬들 홈즈(Oliver Wendell Holmes, 1809-1894. 미국의 의사, 시인이며 유머 작가)는 이렇게 말했다. "오늘 아침에 기분이 좋지 않았다. 간(肝) 때문에 피곤했다. 침대에서 나오지 않고 인간의 전적 부패에 대해 글을 쓰기로 마음먹었다."

이것은 짜증과 불평의 마음으로 신학을 하는 것이다! 나는 그렇게 하지 않으려고 내 말을 자유주의자들에게 집중시키지 않는다. 나는 스스로 복음주의자라고 부르는 우리 자신에게 초점을 맞추어 말하고 싶다. 기독교를 믿고 "성경은 성령의 감동으로 기록되었다"라고 고백하는 우리 자신에게 초점을 맞추어 말하고 싶다.

돈 문제에서 하나님의 위치는?

우리가 하나님과 돈 사이에서 선택해야 할 경우, 하나님께서 우위를 차지하시는가? 대부분은 십일조를 드리는 것이 재정적으로 더 이득이 된다는 것을 알기 때문에 십일조를 드린다. 사람들은 "수입의 100퍼센트를 내 것으로 돌렸던 과거보다 90퍼센트만 돌리는 지금이 경제적으로 더 낫다"라고 말하고는 한다. 십일조를 드리면 사업이 더 잘 된다는 것을 알게 된 사업가는 즉시 십일조를 드릴 것이다.

당신의 야망을 잘 살펴보라

우리의 야망 그리고 우리의 육신적 즐거움은 어떤가? 우리의 야망에 아무 문제가 없다고 합리화하고, 우리 자신의 욕구를 충족시키고, 하나님께는 두 번째 자리를 드리는 것에 대해서 당신은 어떻게 생각하는가?

하나님과 결혼 사이에 충돌이 일어나면 승리가 어느 쪽으로 갈까? 하나님이실까 젊은 여자일까? 하나님이실까 젊은 남자일까? 하나님과 친구들 사이에서 선택해야 할 때, 특히 하나님과 나 자신 사이에서 선택해야 할 때 어느 쪽이 이길까?

복음주의 교회들이 계속 비틀거리는 이유는 우리가 하나님께 합당한 자리를 드리지 않기 때문이라고 나는 믿는다. 하나님이 누구신지 또 우리가 누구인지를 비교해서 그분의 권리에 합당한 자리를 그분께 드려야 하지만, 우리는 그렇게 하지 않고 있다. 인간의 의지가 끼어들면 바로 이런 괴물 같은 전도(顚倒)가 일어난다.

자연 세계로 나가거나 밤하늘의 별들에게 가보라. 거기에는 모든 것이 정상이다. 왜냐하면 그것들에게는 의지가 없기 때문이다. 그러나 우리는 우리를 향한 하나님의 뜻 앞에 서기만 하면 즉시 문제를 일으킨다.

천사들에게 문제가 생기지 않는 것은 타락한 존재가 아니기 때문이다. 그러나 타락한 인간, 악한 영들, 그리고 도덕적 지각이 있는 다른 피조물에게는 언제나 이 괴물 같은 전도가 발견된다. 그들에게 있어서 하나님은 언제나 두 번째나 세 번째 아니면 열 번째 자리를 차지하고, 다른 것들이 하나님보다 앞선 자리를 차지한다. 그런데 희한하게도, 하나님을 자기보다 뒤에 놓는 자들 중에는 매우 경건한 신앙인들도 있다.

하나님께서 우리보다 높아지시고 우리가 그분 아래에 굴복할 때까지 우리 내면의 평안은 없을 것이다. 우리가 세상의 모든 책을 읽고 성경을 1년에 한 번 읽고 찬송가를 끼고 살고 늘 찬양한다고 해도 평안이나 승리를 얻지 못할 수도 있다. 왜냐하면 우주에서는 하나님이 최고의 자리에 계시지만, 우리의 마음에서는 그렇지 않기 때문이다.

이 진리는 우리 주 예수 그리스도의 모든 교훈에서 나타난다. 예수님은 "누구든지 나를 따라오려거든 자기를 부인하고 자기 십자가를 지고 나를 따를 것이니라"(마 16:24)라고 말씀하셨다. 그러나 불행하게도 우리는 '십자가 지기'를 아주 시적(詩的)인 것으로 만들어버렸다.

십자가를 진다는 것은 계획 세우기를 중단한다는 것을 의미했다. 고대 로마시대에 십자가를 지는 사람에게는 아무 계획이 없었다. 그를 위한 계획은 늘 다른 사람이 가지고 있었다.

어떤 사람이 늙은 하나님의 사람에게 찾아와 "당신은 '더 깊은 삶' 즉 하나님께 사로잡힌 삶에 대해 가르치십니다. 그런데 그리스도와 함께 십자가에 못 박힌다는 것이 무슨 뜻입니까?"라고 물었다.

노인은 그의 머리를 조금 긁고 생각을 가다듬더니 이렇게 대답했다. "십자가에 못 박힌 사람은 오직 한 방향만을 바라봅니다. 사방을 바라볼 수 없고 오직 한 쪽만을 봅니다. 십자가에 못 박힌 사람의 두 번째 특징은 자기의 계획이 없다는 것입니다. 누군가 다른 사람이 그를 위해 모든 계획을 세워야 합니다."

이 시대는 예루살렘에 오래 머무르면서 능력을 받는 경험을 해본 적이 없는 젊은이들이 프로젝트, 사업 및 야심 찬 목표 같은 것들에 매달리는 시대이다. 그들은 그들의 육체에 걸친 학벌의 능력에 의지하여 세상에 나가 프로젝트를 가동한 후 하나님의 복이 그 프로젝트에 임하게 해달라고 기도한다. 심지어 철야기도도 할 것이다. 많은 이들에게 우편물을 보내 "우리의 프로젝트를 위해 한 시간씩 이러이러하게 기도해주십시오"라고 부탁할 것이다. 그러나 그럼에도 불구하고 그것은 명백히 '그들의' 프로젝트이다. 그들은 아직 죽지 않았다! 그들은 그저 그들의 계획을 세울 뿐이다.

내 형제여, 당신이 십자가로 가면 당신의 계획을 세울 수 없다. 당신을 위한 계획은 다른 이가 세워준다. 하나님께서 당신의 계획을 세우시고, 당신이 집과 땅과 가족을 포함한 모든 것을 버린다는 것은 그 모든 것들 없이 살며 하나님께 첫 번째 자리를 드린다는 것을 의미한다.

깊은 영적 만족을 향해 올라가라

성령께서 우리에게 말씀해주시려는 것은 무엇인가? 나는 능력의 나라로 들어가게 해주는 사다리에 대해 당신에게 이야기해주고 싶다. 나는 당신이 이제까지 맛보지 못한 내적 체험과 부요함을 얻을 수 있는 비결을 말해주고 싶다. 그 비결은 당신의 모든 본성, 유용성, 열매 맺음 그리고 성장에 있어서 이제까지 맛보지 못한 깊은 영적 만족을 얻게 해준다. 더욱이 그 비결은 유일한 참 하나님에 대한 지극히 아름다운 지식을 당신에게 줄 것이다.

우선 내가 말하고 싶은 것은 충만한 감정을 느낄 수 있을 정도로 하나님과 인격적으로 교제해야 한다는 것이다. 우리는 모세의 경우처럼 하나님의 영광의 빛이 우리의 얼굴에 어느 정도 나타날 정도까지 그분과 교제해야 한다.

다윗은 그렇게 할 수 있는 비결을 알았는데, 그것은 어떤 대가를 치르더라도 하나님을 우리보다 높여드리고 언제나 그분에게 첫 번째 자리를 드리는 것이었다. 우리는 하나님께 합당한 자리를 드려야 한다. 당신이 그분께 드리는 모든 것들은 그분에 의해 언제나 안전하게 보호되지만, 당신이 움켜쥐는 것들은 모두 언제나 위험에 빠진다.

당신은 당신의 친구와의 우정보다 하나님을 더 높여드려야 한다. 당신의 친구를 포기해야만 친구를 가질 수 있다. 만일 우리가 우리의 친구들에게 집착하면, 친구와의 관계는 매우 빈약하고 불충분한 것이 될 것이다.

우리는 "오, 하나님! 저의 안락과 즐거움보다 당신이 더 높아지시기를 원하나이다"라고 말씀드릴 수 있어야 한다. 어떤 사람들은 툭하면 휴가를 내고 쉬면서 "나는 재충전이 필요합니다"라고 합리화한다. 그들은 "나는 휴가를 내고 쉬는 중입니다"라고 말하지만, 나는 그런 이들에게 "당신은 이제까지 별로 한 것도 없는데, 또 휴가 중입니까?"라고 묻고 싶다.

많은 경우 그들은 빈둥거리는 것과 거의 다를 바 없는 상태에서 지내다가 또 휴가를 낸다. 본래 휴가라는 것은 열심히 일한 사람이 새롭게 일할 수 있는 활력을 얻기 위해 재충전하는 기간이 아닌가? 우리는 우리의 즐거움과 안락에게 첫 번째 자리를 주고, 하나님께는 그다음 자리를 드린다.

또한 우리는 "오, 하나님! 저의 야망보다 당신이 더 높아지시기를 원하나이다"라고 말씀드릴 수 있어야 한다. 나는 야망 있는 그리스도인들을 보면 기분이 좋아지지만 한 가지 묻지 않을 수 없는 것은 그것이 누구의 야망이냐 하는 것이다.

나는 옛 독일의 설교자이며 중세의 신학자이자 신비가였던 마이스터 에크하르트(Meister Eckhart, 1260-1327)의 장점을 깊이 느낀다. 다른 이들이 그를 접하면 충격을 받을지도 모르겠지만 나는 그를 좋아한다. 언젠가 그는 '돈 바꾸는 자들'과 예수님 사이에 일어났던 사건에 대해 설교했다.

그의 설교의 바탕에는 "그들이 이익을 위해 하나님을 섬겼기 때문에 예수님께서 진노하시어 그들을 성전에서 쫓아내셨다"라는 해석이 깔려 있다. 물론 그들은 누군가 하지 않으면 안 되는 종교적 일을 했던 것이다. 하지만 문제는 이익을 얻기 위해 그렇게 했다는 것이다. 이익이 생기지 않는다면 하나님의 집에서 문을 열지도 않으려는 자들이 있다. 내가 볼 때, 이익을 위해 하나님을 섬기는 자들은 '돈 바꾸는 자들'이자 강매하는 상인이다.

나는 지금 여기서 금전적 이익에 대해서만 말하는 것이 아니다. 사실, 금전적 이익을 취해서 문제를 일으킬 사람은 우리 중에 거의 없을 것이다. 하지만 우리가 취하는 다른 종류의 이익이 있다. 우리는 수수료(commission)를 받으며 하나님을 섬긴다! 하나님을 섬기기를 원하지만 동시에 수수료도 원한다는 것이다. 여기서 수수료는 물론 적은 것이지만, 신령해질수록 우리는 우리가 한 일에 대해 수수료를 챙기려 할 것이다.

그렇기 때문에 "오, 하나님, 당신께 95퍼센트의 영광을 돌리기 원합니다. 그런데 5퍼센트는 제가 챙기면 안 될까요?"라고 말씀드린다. 그리하여 우리는 부흥회에서 그분의 복을 받으면 그분께 "오, 주여, 3퍼센트를 저에게 주소서"라고 말씀드린다.

그러나 하나님은 "나는 여호와이다. 그것이 내 이름이다. 나는 내 영광을 다른 자에게 주지 않을 것이다"라고 말씀하신다. 하나님은 그분의 영광을 어느 누구에게도 주지 않으실 것이다. 우리가 그분의 모든 영광에 동참하도록 그분이 허락하실 날이 장차 도래하겠지만, 지금은 아직 그날이 오지 않았다.

현재로서는 우리가 십자가를 져야 하고, 없으면 없는 대로 버텨야 하고, 우리의 재산을 잃어버려야 하고, 사람들에게 미움을 받아야 한다. 지금 우리는 소수의 무리, 즉 멸시받는 소수의 무리가 되라고 부름 받은 것이다.

그리스도의 십자가를 사교적 차원에서 '받아들여질 수 있는 것'으로 만들 수 있다는 주장이 이 시대의 이단이다. 많은 복음주의 그룹들은 자기들이 어쨌거나 그렇게 바보가 아니라는 것을 세상에 증명해 보이려고 굉장히 애쓴다. 그러다보니 이제 우리가 세상에서 아주 대단한 존재가 되어 있고, 우리의 힘으로 거물이 되었다. 그러면서도 우리는 예수님을 믿는다고 말한다! 이것은 정말 씁쓸한 일이다.

이런 씁쓸한 일을 이제는 끝내야 하지 않겠는가? 십자가의 부끄러운 것이 당신의 삶에서 사라지는 순간, 당신의 삶에서 영적인 능력도 사라진다. 더 이상 세상에서 멸시받는 소수의 무리가 아니라면, 더 이상 능력 있는 무리도 아니다.

사람들은 자기의 명예를 늘 높은 수준으로 유지하려고 애쓴다. 하지만 나는 내 명예에 대해 죽으려고 늘 노력한다. 묘한 것은 우리가 갖고 있지도 않은 것에 대해 우리가 죽어야 한다는 사실이다! 우리는 늘 하나님께 나아가 우리의 명예에 대해 죽어야 한다.

나는 "빛나는 허브캡(hubcap, 자동차 바퀴의 허브를 덮고 있는 둥근 커버)이 당신에게 있다고 해서 당신이 큰 바퀴라고 착각하지 말라"라는 밴스 해브너(Vance Havner, 1901-1986. 미국의 부흥사)의 말이 마음에 든다. 한심하게도, 언제나 우리는 빛나는 허브캡을 가진 사람을 찾아내어 그를 띄운다. 심지어 우리 개신교 신자들도 개신교 성인(聖人)들을 찾아내어 떠받들지 않고는 못 배긴다.

"그는 흥하여야 하겠고 나는 쇠하여야 하리라"(요 3:30)라는 세례 요한의 말은 우리가 취해야 할 자세를 아주 정확히 표현했다. 하나님은 하나님의 영광을 맡은 자가 그 영광을 안전히 지켜드릴 것으로 판단하시면 언제나 그 사람을 사용하신다.

A. B. 심슨의 전기를 쓰기 위해 자료 조사를 하던 중 나는 심슨의 친구이며 동역자였던 윌리엄 T. 맥아더와 이야기하게 되었다. 그는 내가 심슨 박사에 대해 미처 몰랐던 것들을 많이 이야기해주었다. 결국 나는 맥아더에게 "심슨 박사가 그토록 불완전했다면 어째서 하나님께서 그에게 그토록 복을 주셨습니까?"라고 물었다. 맥아더는 상체를 곧게 펴더니 턱수염을 쓰다듬으며 "하나님께서는 자신의 영광이 심슨의 손안에서 안전히 지켜질 것임을 아셨습니다"라고 말했다.

하나님은 어떤 사람의 손안에서 그분의 영광이 안전할 것으로 판단하시면, 그 사람에게 복을 주실 것이다. 그러나 그가 하나님의 영광에서 한몫을 챙기기 원한다는 것을 아시면, 그에게 복을 조금만 주실 것이다. 하나님께서 모든 것보다 높으신 분이라는 것을 그가 받아들이지 않았다면, 그는 그분이 그를 위해 해주실 수 있는 것을 스스로 제한해버린 것이다.

이것을 깨닫는 것이 쉽지는 않다. 왜냐하면 우리가 '경건한 아담'의 시대에 살고 있기 때문이다. '경건한 아담'은 우리 주변 어디에서나 볼 수 있다. 그를 긁어보라. 그러면 그가 즉시 화를 낼 것이다. 반면에 그를 대적하지 않는다면 그는 당신이 상상할 수 있는 가장 경건한 모습을 보일 것이다. 그렇다! 지금 우리가 살고 있는 이 시대의 기독교는 자기 힘으로 잘 굴러가는 경쾌한 기독교이다!

그러나 영적으로 승리한 사람들의 명단을 보라. 내가 굳이 그들의 이름을 열거할 필요가 없을 정도로 당신은 이미 그들을 잘 알고 있다. 그들의 승리의 비결은 그들의 기도에서 발견된다. "오, 하나님! 당신이 저보다 높아지소서. 제 인생에서 첫 번째 자리를 차지하시고, 저에게는 그다음 자리를 주소서. 오, 하나님! 당신이 저보다 높아지소서. 제가 희생되어도 당신이 높아지소서. 오, 하나님, 제게 어떤 희생이 있더라도 당신을 높이소서."

이런 기도에 담긴 내용을 어떤 이는 이렇게 표현했다. "당신의 나라가 임하려면 저의 나라가 사라져야 합니다." 당신의 나라가 사라지지 않으면 그분의 나라가 오지 않는다. 우리가 마땅히 있어야 할 곳에 있으려면, 우리의 나라가 사라져야 한다. 왕이 첫째가 되셔야 한다. 보조적 왕들, 그 아래에 있는 왕들, 그리고 작은 왕들은 최고의 왕 밑에서 다스려야 한다.

최고의 왕은 한 나라에 하나밖에 없다. 당신의 나라에서 오직 하나의 왕이 있어야 한다면, 그것은 당신 아니면 예수 그리스도이시다. 지난 하루 동안 그 왕이 예수 그리스도이셨는가, 아니면 당신이었는가?

내가 이렇게 말하니까 어떤 이들이 "오, 나는 하나님의 도움을 구하는 기도를 매일 드립니다"라고 말하며 내 말에 이의를 제기할지 모르겠다. "좋습니다! 열심히 노력해서 좋은 왕이 되십시오!" 그러나 당신은 발걸음을 멈추고 "내가 보좌에서 내려와 전능의 하나님께 '제가 보좌에 앉았던 것을 용서하소서'라고 기도해야 하는 것은 아닌가?"라고 스스로 물어본 적이 있는가? 이제까지 하던 기도를 중단하고 "주님, 주님의 것을 취하소서. 당신을 높이소서. 당신의 보좌에 앉아 다스리소서"라고 기도해야겠다는 생각을 해본 적이 있는가?

주 예수님! 당신은 모든 것보다 높은 분이시나이다. 우리의 모든 것을 희생해서라도 당신의 이마에 면류관을 씌워드리고 당신께 규(圭)를 드릴 수 있게 하소서. 우리 주 예수 그리스도의 이름으로 이것을 구하나이다. 아멘.

chapter 19

선지자의 기도

여호와여 내가 주께 대한 소문을 듣고 놀랐나이다 여호와여 주는 주의 일을 이 수년 내에 부흥하게 하옵소서 이 수년 내에 나타내시옵소서 진노 중에라도 긍휼을 잊지 마옵소서

하나님이 데만에서부터 오시며 거룩한 자가 바란 산에서부터 오시는도다 (셀라) 그의 영광이 하늘을 덮었고 그의 찬송이 세계에 가득하도다 그의 광명이 햇빛 같고 광선이 그의 손에서 나오니 그의 권능이 그 속에 감추어졌도다 역병이 그 앞에서 행하며 불덩이가 그의 발 밑에서 나오는도다 그가 서신즉 땅이 진동하며 그가 보신즉 여러 나라가 전율하며 영원한 산

이 무너지며 무궁한 작은 산이 엎드러지나니 그의 행하심이 예로부터 그러하시도다 내가 본즉 구산의 장막이 환난을 당하고 미디안 땅의 휘장이 흔들리는도다

여호와여 주께서 말을 타시며 구원의 병거를 모시오니 강들을 분히 여기심이니이까 강들을 노여워하심이니이까 바다를 향하여 성내심이니이까 주께서 활을 꺼내시고 화살을 바로 쏘셨나이다 (셀라) 주께서 강들로 땅을 쪼개셨나이다 산들이 주를 보고 흔들리며 창수가 넘치고 바다가 소리를 지르며 손을 높이 들었나이다 날아가는 주의 화살의 빛과 번쩍이는 주의 창의 광채로 말미암아 해와 달이 그 처소에 멈추었나이다 주께서 노를 발하사 땅을 두르셨으며 분을 내사 여러 나라를 밟으셨나이다 주께서 주의 백성을 구원하시려고, 기름 부음 받은 자를 구원하시려고 나오사 악인의 집의 머리를 치시며 그 기초를 바닥까지 드러내셨나이다 (셀라) 그들이 회오리바람처럼 이르러 나를 흩으려 하며 가만히 가난한 자 삼키기를 즐거워하나 오직 주께서 그들의 전사의 머리를 그들의 창으로 찌르셨나이다 주께서 말을 타시고 바다 곧 큰 물의 파도를 밟으셨나이다 내가 들었으므로 내 창자가 흔들렸고 그 목소리로 말미암아 내 입술이 떨렸도다 무리가 우리를 치러 올라오

는 환난 날을 내가 기다리므로 썩이는 것이 내 뼈에 들어왔으며 내 몸은 내 처소에서 떨리는도다

비록 무화과나무가 무성하지 못하며 포도나무에 열매가 없으며 감람나무에 소출이 없으며 밭에 먹을 것이 없으며 우리에 양이 없으며 외양간에 소가 없을지라도 나는 여호와로 말미암아 즐거워하며 나의 구원의 하나님으로 말미암아 기뻐하리로다 주 여호와는 나의 힘이시라 나의 발을 사슴과 같게 하사 나를 나의 높은 곳으로 다니게 하시리로다 이 노래는 지휘하는 사람을 위하여 내 수금에 맞춘 것이니라(합 3:2-19)

하나님의 선지자가 되라

초판 1쇄 발행	2022년 6월 3일
지은이	A. W. 토저
옮긴이	이용복
펴낸이	여진구
책임편집	안수경 김도연
편집	이영주 정선경 최현수 김아진 정아혜
책임디자인	마영애 │ 노지현 조은혜
기획·홍보	김영하
마케팅	김상순 강성민 허병용
제작	조영석 정도봉
해외저작권	진효지
마케팅지원	최영배 정나영
경영지원	김혜경 김경희

303비전성경암송학교 박정숙 최경식
이슬비전도학교 / 303비전성경암송학교 / 303비전꿈나무장학회

펴낸곳   규장

주소 06770 서울시 서초구 매헌로 16길 20(양재2동) 규장선교센터
전화 02)578-0003   팩스 02)578-7332
이메일 kyujang0691@gmail.com   홈페이지 www.kyujang.com
페이스북 facebook.com/kyujangbook   인스타그램 instagram.com/kyujang_com
카카오스토리 story.kakao.com/kyujangbook
등록일 1978.8.14. 제1-22

ⓒ 한국어 판권은 규장에 있습니다.
이 출판물은 저작권법에 의해 보호를 받는 저작물이므로 무단 전재와 무단 복제를 할 수 없습니다.

책값 뒤표지에 있습니다.
ISBN 979-11-6504-323-0   03230

규│장│수│칙

1. 기도로 기획하고 기도로 제작한다.
2. 오직 그리스도의 성품을 사모하는 독자가 원하고 필요로 하는 책만을 출판한다.
3. 한 활자 한 문장에 온 정성을 쏟는다.
4. 성실과 정확을 생명으로 삼고 일한다.
5. 긍정적이며 적극적인 신앙과 신행일치에의 안내자의 사명을 다한다.
6. 충고와 조언을 항상 감사로 경청한다.
7. 지상목표는 문서선교에 있다.

하나님을 사랑하는 자 곧 그의 뜻대로 부르심을 입은 자들에게는 모든 것이 合力하여 善을 이루느니라(롬 8:28)

규장은 문서를 통해 복음전파와 신앙교육에 주력하는 국제적 출판사들의 협의체인 복음주의출판협회(E.C.P.A:Evangelical Christian Publishers Association)의 출판정신에 동참하는 회원(Associate Member)입니다.